EL PODER DE LA DISCIPLINA

C O R A L   M U J A E S

EL PODER DE LA DISCIPLINA

EJECUTA Y TRIUNFA, O DESAPARECE

AGUILAR

El papel utilizado para la impresión de este libro ha sido fabricado a partir de madera procedente de bosques y plantaciones gestionadas con los más altos estándares ambientales, garantizando una explotación de los recursos sostenible con el medio ambiente y beneficiosa para las personas.

Penguin Random House Grupo Editorial

El poder de la disciplina
Ejecuta, triunfa, o desaparece

Primera edición: octubre, 2025
Primera reimpresión: marzo, 2026
Segunda reimpresión: abril, 2026

penguinlibros.com

Diseño de cubierta y fotografía de la autora: Penguin Random House / © Igor Komarov

ISBN: 978-607-386-629-3

Impreso en México – *Printed in Mexico*

Dedicado al fuego

A quien me encendió.
A quien me desafió.
A quien me desarmó.
A todos los que me hicieron sentir
que no era suficiente.
Gracias.
Sin ustedes, no habría tenido
que volverme imparable.

ÍNDICE

Introducción 11

1. El poder de la disciplina 27
2. Autoliberación: lo que solo la disciplina puede darte 57
3. El arte del dominio 75
4. Bajo presión: conviértete en alguien que no se quiebra 97
5. Disciplina vs. Procrastinación: el duelo real 113
6. Eleva tus estándares o acepta una vida promedio 141
7. Límites: la disciplina que dice NO 155
8. La disciplina en las relaciones:
   deja de perderte en el otro 165
9. La disciplina es poder 183

Epílogo 187

INTRODUCCIÓN

¿Sabes cuál es la diferencia entre los jugadores estrella y los que observan desde la banca? No es el talento, la suerte, ni la esperanza de que una oportunidad aparezca en el momento perfecto. Es el hambre que los lleva a hacer lo que sea necesario para lograr sus objetivos. Aun cuando no tienen ganas, aun cuando nadie está mirando; aun cuando el mundo entero parece estar en su contra.

Eso es disciplina. Y para los ganadores, no es opcional.

La mayoría de la gente no entiende lo que significa ser verdaderamente disciplinado. Puede parecer una forma de vida limitante, que depende de seguir las reglas y sacrificarse. Nada puede ser más lejano a la verdad, la disciplina es una poderosa herramienta disponible para aquellos que buscan ser ganadores en todas las esferas de su vida. ¿Te comparto una verdad brutal? Mientras sigas necesitando de motivación para hacer las cosas, no serás libre, seguirás siendo una persona dependiente que se vuelve cada día más débil.

Disciplinarte significa ser tu propio entrenador, tu propio líder, tu propio sistema de soporte. Si no puedes hacerlo solo, nadie más lo hará por ti.

¿QUÉ ES LA AUTODISCIPLINA?

No se trata de ser perfecto, de no cometer errores, ni de trabajar las 24 horas del día. Se trata de estar comprometido contigo al 100%. La autodisciplina es levantarte de la cama cuando el despertador suena. A la primera. Aunque quieras quedarte en la cama. Es terminar lo que empezaste, aunque las cosas se pongan difíciles. Mantenerte enfocado en tus objetivos, y deshacerte de todo lo que haya en tu entorno que te distraiga de ellos. Es hacer el trabajo que te corresponde porque sabes que tienes que hacerlo, no por que alguien más te esté supervisando.

El estándar más alto no se impone desde fuera: se cultiva con disciplina. Es el compromiso de vivir para lograr tus metas y de no aceptar excusas, ni siquiera de ti mismo. ¿Sabes cuál es el problema de la mayoría de las personas? Se dejan llevar por el deseo de la comodidad momentánea. Hoy están motivados, mañana están cansados, y pasado mañana encuentran una excusa para no actuar.

Las personas disciplinadas no operan así. No dependen de cómo se sienten; dependen de lo que saben que tienen que hacer y de un compromiso inquebrantable con su misión y visión.

Es un estándar, una mentalidad, una forma de operar que te separa de los mediocres y te eleva al nivel de los triunfadores. La disciplina no es una carga que hará tu vida más complicada, al contrario, será el motor de tu éxito y lo que te dará el dominio absoluto de tu cuerpo, mente, negocio y vida.

EL TALENTO ES UN REGALO, LA DISCIPLINA UNA DECISIÓN

El talento puede darte una ventaja inicial, pero sin disciplina, es inútil. El mundo está lleno de personas con talento desperdiciado, atletas que nunca llegaron a la élite, emprendedores con grandes ideas que nunca ejecutaron, y profesionales con potencial que jamás cruzaron la línea de meta. La disciplina es la que gana cuando el talento se cansa, cuando la motivación desaparece, cuando las cosas se ponen difíciles mientras los demás están distraidos. Lo que diferencia a los que dominan el ruedo y los que quedan rezagados en el camino, no son sus habilidades sino su disposición a trabajar incansablemente sin poner excusas. Es la repetición rutinaria de lo necesario, no lo cómodo. El talento puede hacer que te noten, pero la disciplina es lo que hace que nadie pueda ignorarte.

NUGGET DE PODER

¿Quieres hacer una apuesta segura? Apuesta por ti todos los días.

EL PRECIO DE LA DISCIPLINA

Prepárate, te voy a soltar una una verdad que la mayoría no quiere escuchar... Ser disciplinado te exige pagar un precio. Vas a sentirte incómodo enfrentando tus dudas y tus inseguridades más profundas. Vas a renunciar a diversiones momentáneas, vacaciones y placeres sencillos como quedarte en la cama diez minutos más. Pero, ¿sabes qué puede salirte mucho más caro? Una vida llena de miedo, de autosabotaje, arrepentimiento y procrastinación. Estarás cómodo por un momento, pero profundamente insatisfecho a largo plazo.

Si analizas estas dos opciones, la respuesta es obvia. Una vida con disciplina te llevará a la grandeza; una vida de autosabotaje te dejará tirado y arrepentido en el suelo. Se necesita de fortaleza mental para no elegir el placer momentáneo.

EL EXPERIMENTO DEL MALVAVISCO

En los años setenta, un grupo de psicólogos hizo un experimento que parece inocente, pero en realidad es brutal: pusieron a niños de cuatro años frente a un malvavisco. Les dijeron que si no se lo comían en quince minutos, les darían dos. Eso era todo. Esperar o devorarlo.

La mayoría cayó. Porque claro, ¿quién quiere incomodidad? ¿Quién aguanta la ansiedad de ver algo que quiere y no tomarlo?

Pero lo realmente interesante vino después. A esos mismos niños los siguieron por años. ¿Y qué encontraron? Que los que esperaron por el segundo malvavisco —los que dominaron el impulso— terminaron con mejores calificaciones, carreras más exitosas, relaciones más estables y una vida más plena. Sí, todo porque supieron esperar.

¿La lección? Tu capacidad de resistir el deseo inmediato dice todo sobre tu capacidad de construir una vida extraordinaria. Si no puedes tolerar quince minutos de incomodidad, tampoco vas a tolerar los años que toma construir algo grande. No es el malvavisco. Es lo que haces con tu impulso.

NO SE TRATA DE SENTIRTE LISTO

Si estás esperando a sentirte listo, y a que los astros se alineen para darte la señal que es el momento perfecto para actuar, estás perdiendo tu tiempo. Las oportunidades que te conducen al éxito son como cometas: no pasan todos los días ni aterrizan en tu plato. Simplemente atrévete a actuar. Hoy. Cada paso que des hacia tus metas por más pequeño que sea, te acerca a la cima de tu éxito.

Es simple: ¿quieres ganar? Haz el trabajo.

EL PROPÓSITO DE ESTE LIBRO

Este libro no es para todos. No es para los que quieren fórmulas mágicas o motivación pasajera. Es para aquellos que están listos para enfrentarse a sí mismos y tomar las riendas de sus vidas. Aquí no encontrarás consuelo ni excusas, pero sí herramientas prácticas, estrategias claras y la sacudida de realidad que necesitas para desarrollar una disciplina implacable.

Porque la disciplina no es algo dado, es algo que se construye. Y cada día es una oportunidad para demostrarte de lo que eres capaz. Este libro está diseñado para ayudarte a hacer eso, para que no solo ganes una vez, sino que sigas ganando, una y otra vez.

La disciplina es el precio no negociable a pagar por convertirte en alguien imparable. ¿Estás dispuesto a hacerlo? Si la respuesta es no, cierra este libro ahora. Pero si estás dispuesto a comprometerte contigo, entonces este es el primer paso hacia un nivel completamente nuevo. No será fácil, pero te prometo esto: valdrá la pena.

DEL ABISMO A LA GRANDEZA

Mi vida estaba completamente fuera de control. A mis 28 años, estaba atrapada en un ciclo interminable de adicciones, procrastinación y autosabotaje. Cada día empezaba con promesas de cambio y terminaba con culpabilidad y arrepentimiento. El miedo al fracaso era mi sombra constante, paralizándome antes de siquiera intentarlo. Soñaba con hacer algo grande, pero siempre encontraba una excusa para justificar mi inacción.

Las noches eran largas, llenas de excesos y pensamientos que me destruían por dentro. Me decía antes de dormir: "No eres suficiente, nunca lo serás." Y lo peor, es que lo creía. Vivía observando cómo otros lograban lo que yo deseaba, mientras yo permanecía estancada en mi propia cárcel de autoconmiseración.

Un día, mientras navegaba sin rumbo por internet, me encontré con un video de Tony Robbins. Sus palabras, duras y directas, me sacudieron: "El fracaso no te define; tu inacción sí. Si quieres ganar, desarrolla disciplina inquebrantable, deja de buscar excusas y haz el trabajo." Algo dentro de mí cambió en ese instante. Me vi reflejada en esas palabras y me cayeron como un ladrillazo. Me di cuenta de que nadie vendría a salvarme. Si quería cambiar mi vida, tenía que ser yo quien tomara el control.

ASUMIR RESPONSABILIDAD TOTAL

Fue brutal, pero entendí que tenía que ver de frente a mis errores. Mis adicciones, mi procrastinación, mi miedo... todo era resultado de mis elecciones. Si había sido responsable de elegir todo eso antes, también podía elegir algo diferente. Dejé de culpar al mundo, a mi pasado y a las circunstancias; asumí que todo dependía de mí. Y si dependía de mí, entonces estaba en control.

Lo primero que hice fue enfrentar mis adicciones. Sabía que eran mi forma de escapar de la vida, de no enfrentar mis inseguridades. Para ese momento yo estaba lista, ya no hubo excusas, no hubo negociaciones. Si quería cambiar mi vida, tenía que eliminar todo lo que me estaba saboteando, todo lo que me mantenía débil. Sabía que mis adicciones no eran la raíz de mis problemas; eran un síntoma. Un síntoma de mi miedo, de mi inseguridad, de mi incapacidad para enfrentar la verdad de quién era y en quién me estaba convirtiendo. Así que decidí arrancar esa venda de una vez por todas.

No fue una decisión suave ni fácil. Me obligué a ver de frente todo lo que había evitado durante muchos años: mi falta de confianza, mis errores, mis excusas. Cada día sentía el peso de esa batalla interna, pero también sabía que con cada decisión correcta, estaba construyendo algo más fuerte dentro de mí. No busqué apoyo externo ni validación. Sabía que este trabajo era mío y de nadie más.

La disciplina no empezó con grandes gestos. Empezó con pequeñas elecciones diarias. Elegir no ceder a mis impulsos. Elegir hacer el trabajo, incluso cuando mi mente me decía que no tenía ningun sentido. Elegir enfrentarme a mi reflejo en el espejo y decir: "Tú no te rindes, Coral. No hoy. No mañana. Nunca." Cada decisión fue un ladrillo, y con esos ladrillos, empecé a construir la fortaleza que necesitaba para superar cualquier obstáculo.

Y en ese proceso descubrí algo que había olvidado por completo. Descubrí que tenía el poder de cambiar. No de golpe, ni de manera perfecta, pero sí de manera gradual, abonando con cada pequeña decisión a alejar— me de todo aquello que me destruía y acercarme a lo que me fortalecía.

CONSTRUYENDO AUTODISCIPLINA

Dejar mis adicciones fue solo el comienzo. Sabía que necesitaba más. Recordé las palabras de Tim Grover: "La autodisciplina no es algo que tienes; es algo que construyes." Así que empecé a construirla, un paso a la vez.

Me levantaba todos los días a las cinco de la mañana, aunque mi cuerpo me pedía descansar. Sabía que esos momentos no eran opcionales; eran esenciales. Cada vez que me obligaba a salir de la cama, estaba ganando. No contra el despertador, sino contra la Coral más débil que quería quedarse en lo cómodo. Usaba esas primeras horas para aprender, para fortalecerme y para prepararme para el resto del día como si fuera al campo de batalla.

No solo estudié sobre negocios digitales, me comprometí a dominarlos. No era un pasatiempo, no era una curiosidad; era una obsesión. Si iba a entrarle al mundo digital, no sería para jugar; sería para ganar. Busqué a los más exitosos en el medio y los analicé con precisión quirúrgica. Estudié cómo pensaban, cómo actuaban, qué hacían diferente. No quería copiarles, sino superarlos. Cada estrategia que aprendí, la probé. Cada error que cometí, lo convertí en una lección. Me preguntaba constantemente: “¿Cómo puedo ser mejor, más rápida, más efectiva?”

Empecé a trazar mi propio plan, un mapa claro y detallado de lo que quería lograr y cómo lo lograría. Pero no me detuve en planear; ejecuté. Cada hora de mi día estaba dedicada a acercarme más y más a mi objetivo. No había espacio para distracciones, para excusas, para dudas. Sabía que la competencia no dormía, y yo tampoco lo haría hasta estar un paso delante de ellos.

Convertí la disciplina en mi identidad. Y con cada día que pasaba, me daba cuenta de algo: mientras otros hablaban de lo que querían hacer, yo ya lo estaba haciendo. Y eso, esa diferencia entre hablar y actuar, es lo que separa a los que sueñan de los que ganan.

En ese momento, me propuse cumplir con tres tareas no negociables cada día. Cero excusas. Esas pequeñas victorias diarias comenzaron a transformar de manera impresionante mi mentalidad. A darme satisfacción verdadera, no la versión barata que te genera dopamina rápida. Me convertí en alguien que no solo planeaba y soñaba, sino que cumplía y ejecutaba de manera agresiva. Y con cada acción, me acercaba más a la persona que quería ser.

USANDO EL MIEDO COMO COMBUSTIBLE

Aunque el miedo al fracaso seguía ahí, decidí que ya no sería mi enemigo. Aprendí que el miedo no desaparece, pero puedes dominarlo y usarlo como combustible. En lugar de paralizarme, usé ese miedo para empujarme.

Lancé mi primer infoproducto con toda la ilusión.... Y fue un fracaso. Un rotundo fracaso. Apenas vendí un programa. Me tragué la vergüenza y sentí como el miedo estaba listo para aplastarme otra vez. Pero esta vez, en lugar de rendirme. En lugar de huir. Analicé cada error. Cada línea mal escrita. Mejoré el contenido, ajusté mi estrategia y volví a lanzarme. No fue fácil, dudé todo el tiempo. Pero no me dejé encarcelar por el miedo y aprendí algo que nunca voy a olvidar: el fracaso no es el final, sino el punto de partida de los valientes que se atreven a volver a intentarlo.

EL NACIMIENTO DE MI IMPERIO DIGITAL

Con el tiempo, desarrollé el curso "Negocio de Poder" y este empezó a ganar tracción. Lo que al principio parecía imposible se convirtió en mi realidad. En menos de tres años de mi despertar al poder de la disciplina, me convertí en la infoproductora número uno en Hotmart[1] en Latinoamérica gracias a mis ventas globales, generando millones de dólares en ingresos al año. Y la primera mujer latina en llegar a *Hotmart Galaxy*, evento que reúne a los 25 clientes más importantes de Hotmart. Pero no me detuve ahí. Creé una comunidad global de emprendedores digitales, compartiendo mi historia y ayudando a otros a superar sus propios miedos y limitaciones.

Hoy, lidero un imperio digital que no solo me dio libertad financiera, sino también propósito. Un imperio que se construyó a pesar de caidas, errores, fracasos, y una disciplina que no me permitió soltar mis sueños. No estoy aquí por talento. Estoy aquí porque me atreví a seguir cuando todo en mí quería huir. Y mi historia no es la exepción. Es una posibilidad. Y si estás leyendo esto, también puede ser la tuya.

VIVIENDO PARA GANAR, UNA Y OTRA VEZ

Me doy cuenta de que el verdadero éxito no es un destino; es algo que se logra con un compromiso inquebrantable día tras día. No se trata solo de ganar dinero o alcanzar metas, sino de ser consistente en la vida. Cada día me pre-

1 Es una plataforma digital que permite la venta y distribución de productos digitales, como cursos en línea, audiolibros, pódcast y libros electrónicos.

gunto: "¿Estoy actuando con la misma disciplina que me trajo hasta aquí?" Cada día, la respuesta debe ser sí.

Tim Grover me enseñó algo que nunca olvidaré: "La mediocridad no es un resultado; es una elección." Decidí ser implacable. Decidí ganar. Y esa decisión lo cambió todo.

NUGGET DE PODER

Disciplina, sí; pero también acción inmediata.

1

EL PODER DE LA DISCIPLINA

Todos quieren alcanzar sus metas, cumplir sus sueños y vivir una vida extraordinaria. Todos quieren ser ganadores. Pero hay una pastilla roja que pocos se atreven a tomar; el éxito no se regala, se gana. Y para ganarlo, necesitas disciplina. No motivación pasajera, ni deseos vacíos; disciplina real. La capacidad de actuar consistentemente, día tras día, sin importar cómo te sientas o lo que enfrentes.

La disciplina no es algo glamuroso. No vas a recibir un aplauso ni vas a sentir gratificación instantánea. Es el trabajo que haces en la oscuridad, cuando nadie está viendo. Es la decisión de hacer lo que debe hacerse, incluso cuando no tienes ganas. Es comprometerte contigo mismo al 100%. Sin excusas. Sin atajos. Sin culpar a nadie. Y es ese compromiso el que separa a los que ganan de los que simplemente observan.

Si quieres algo significativo en tu vida —una familia unida, respeto, un negocio exitoso, prosperidad financiera— todo empieza con disciplina. Es la base sobre la cual construyes todo lo demás. Sin disciplina, todo se tambalea. Con ella, puedes enfrentar cualquier obstáculo y convertirlo en una oportunidad.

APUNTA BIEN LA FLECHA

La disciplina es una herramienta poderosa. Pero si no la alineas con un propósito claro, puede convertirse en tu peor enemiga. Ser disciplinado no basta. Puedes estar ejecutando tu rutina con perfección, pero si estás apuntando en la dirección equivocada, lo único que lograrás es alejarte —con mucha constancia— de la vida que realmente quieres construir.

Te pongo un ejemplo brutal: imagina un piloto que despega de Los Angeles rumbo a Singapur. Traza su ruta perfecta, y tiene 17 horas y media por delante. Pero a la segunda hora de vuelo, su dirección se desvía apenas dos grados al este. Dos grados. Nada. Casi imperceptible. Cuando termine el tiempo de vuelo, ese avión no estará aterrizando en Singapur. Estará volando sobre el mar del Sur de China.

Así de sutil —y así de grave— puede ser una disciplina mal dirigida.

Estas son algunas cosas en las que debes fijarte para asegurar que tu disciplina no vaya en piloto automático al destino equivocado:

1. Perfeccionismo en lo irrelevante

No desperdicies horas perfeccionando tareas pequeñas o detalles insignificantes que no impactarán los resultados finales.

Por ejemplo: enfocarte en crear una página web "perfecta" en lugar de prospectar y cerrar clientes, es una forma elegante de sabotaje y una disciplina mal dirigida.

2. Rutinas que no generan resultados

La disciplina solo es efectiva cuando está alineada con resultados. Todo lo demás es distracción con buena presentación. Planificar, investigar o "prepararte" sin nunca tomar acción significativa es estar ocupado en lugar de ser productivo.

Por ejemplo: llenar tu agenda de pendientes que no generan impacto y sentirte satisfecho por el puro cansancio.

3. Procrastinar las tareas complicadas

Las tareas fáciles o cómodas te hacen sentir productivo. Pero no poderoso. Evitar las tareas críticas que te impliquen coraje, foco y energía real es como redecorar la cabina del avión mientras el motor se está incendiando.

Por ejemplo: Pasas horas diseñando el reel perfecto para tu perfil. Pero evitas hacer llamadas de ventas, y no quieres analizar por qué no cumpliste los objetivos del mes. Tu contenido visual no va a pagar las cuentas. La estética de tu feed es irrelevante si estás en bancarrota.

4. Priorizar actividades que no están conectadas con tus metas

Si tu objetivo principal del mes es crecer tu comunidad en redes, ¿realmente crees que lo vas a cumplir si dedicas la mayor parte de tu tiempo a meditar? Sí, tener tu mente en orden es importante. Pero ese esfuerzo no está alineado con tu meta específica. Y cuando tu disciplina se va en tareas que no van a generar un impacto real, estás perdiendo tiempo, energía y enfoque. Sé estratégico: separa tareas, pon prioridades claras y no confundas moverte con avanzar.

La disciplina mal dirigida te quita tiempo, energía y te deja con ese famoso "burnout" o agotamiento. Aquí va una frase para que no se te olvide: no puedes estar "burned out" porque no eres una vela. Si estás agotada, no es porque trabajas mucho, es porque estás enfocada en lo que drena en lugar de lo que expande. El cansancio extremo no es una medalla: es una señal. Ajusta tu enfoque. Y punto.

LA "DISCIPLINA" QUE OTROS VEN

¿Sabías que el bambú japonés pasa hasta siete años sin mostrar nada en la superficie? Nada. Silencio total. Mientras tanto, bajo tierra, está construyendo raíces profundas, fuertes, inquebrantables. La mayoría pensaría que fracasó. Pero cuando está listo, crece hasta un metro por día. En seis semanas, puede llegar a medir 30 metros.

Tú eliges: puedes ser como el bambú o como la maleza. La maleza crece rápido, pero no tiene profundidad. No sirve. No aporta. No deja huella.

No necesitas dar un espectáculo y recibir aplausos. Necesitas enfoque brutal, compromiso total y la paciencia de quien sabe que está construyendo algo grande. Que no se vea no significa que no estás creciendo.

NUGGET DE PODER

No confundas disciplina con espectáculo. Lo que haces en privado importa más que lo que otros ven.

La disciplina no es simplemente trabajar duro. Es trabajar duro en las cosas correctas. Si estás poniendo todo tu esfuerzo en lo incorrecto, no estás siendo disciplinado; estás saboteándote.

LA DIFERENCIA ENTRE DISCIPLINA Y AUTODISCIPLINA

Todo el mundo tiene cierta disciplina. Pueden seguir reglas impuestas, cumplir horarios porque su jefe lo exige o levantarse temprano porque alguien más depende de ellos. Pero eso no es autodisciplina. La autodisciplina es lo que haces por ti mismo. Porque es el estándar implacable que mantienes y sabes que necesitas cumplir para ganar.

La disciplina impuesta te permite sobrevivir. Es seguir un plan porque tienes miedo de las consecuencias de no hacerlo. La autodisciplina, por otro lado, es lo que te lleva a la excelencia. Es la fuerza interna que te impulsa a actuar incluso cuando nadie te lo exige, y tu inacción pasaría desapercibida. Es la capacidad de empujarte más allá de los límites que otros han establecido por ti y fijar tus propios estándares.

La diferencia entre las dos es clara: la disciplina externa te hace cumplir; la autodisciplina te hace ganar. Es la razón por la cual algunas personas destacan en un entorno estructurado, pero fallan miserablemente cuando deben operar por sí mismas. Si dependes de alguien más para mantener tu enfoque, nunca serás verdaderamente libre. Pero si desarrollas autodisciplina, te conviertes en el amo de tu propio destino.

CÓMO LA DISCIPLINA CONSTRUYE AUTOCONFIANZA Y TE PREPARA PARA CUALQUIER DESAFÍO

La gente cree que necesita confianza para empezar. Que necesita sentirse lista antes de tomar acción. En el mundo de la motivación y el éxito, nos repiten hasta el cansancio que "creer en ti" es la clave. Mentira.

La confianza no es el punto de partida, es el resultado. Primero haces el trabajo, luego confías en que puedes hacerlo. Así de simple.

Piensa en esto: ¿Cómo vas a confiar en ti si nunca te has demostrado que eres capaz? La confianza no cae del cielo. Es como educar a un hijo: no se volverá seguro porque le digas "tú puedes" sino porque le das la oportunidad de intentarlo, de equivocarse, y lograrlo por sí mismo. Si le abrochas las agujetas cada vez, le estás demostrando que no puede. Pero si lo animas a intentarlo, aunque tarde, aunque no salga perfecto, esa victoria —por mínima que parezca— construye confianza real.

Tú y yo no somos tan distintos. Puedes escuchar un gran discurso motivacional y emocionarte... pero si no te accionas, si no haces el trabajo, nada cambia. Y cuando pase la motivación te quedarás frustrado de haber perdido la oportunidad de crecer y avanzar por tu falta de compromiso. Otra vez.

¿TE CUENTO UNA HISTORIA QUE TE DEJARÁ IMPACTADO?

Alex Honnold, uno de los mejores atletas del mundo, escaló El Capitan, una pared vertical de 900m. Sin cuerdas. Sin arnés. Cualquier distracción, miedo o desliz lo llevaría a una muerte segura. Pero no se lanzó a escalar con "pensamiento positivo" se disciplinó y entrenó durante años, memorizando cada grieta, cada paso. Se disciplinó como pocos. El día del ascenso no necesitaba creer en sí mismo. Sabía que estaba listo. La confianza es para los que dudan. Los que se preparan no confían... ejecutan.

ÁMATE COMO ERES O ¿EXÍGETE PORQUE TE AMAS?

Le tengo desconfianza a frases que te dan alivio temporal y una falsa dosis de seguridad. "Acéptate y ámate tal y como eres" es una de ellas.

En mis treintas, estaba estancada. Mi negocio digital apenas generaba lo suficiente para pagar las cuentas. Me sentía frustrada, desconectada, perdida. Y alrededor de mí, todo mundo repetía como mantra sagrado: "Eres suficiente tal como eres" o "acéptate, no tienes que cambiar".

Y sí, al principio, escuchar esas palabras era un bálsamo emocional, pero con el tiempo se convirtieron en una trampa: una justificación cómoda para no hacer nada. Para no exigirme. Para no avanzar.

Porque, si te soy honesta, no estaba bien conmigo. Ni con mi cuerpo, ni con mi negocio, mucho menos con la vida que estaba llevando.

Cargaba con 12 kilos de sobrepeso. Cada vez que me veía al espejo, intentaba convencerme de que estaba conforme con mi apariencia, que debía amarme así como era. Pero en el fondo, sabía que no era verdad. Me sentía cansada todo el tiempo, no quería salir en fotos ni grabar videos y usaba ropa holgada que ocultara mi cuerpo. Mi alimentación era un desastre: comida saludable en cantidades excesivas, postres sin azúcar y veganos para "consentirme" y promesas constantes de que el lunes todo sería diferente.

Mi negocio no mejoraba. Lo había lanzado con grandes sueños de libertad y éxito, pero evitaba hacer la parte del trabajo que me incomodaba. No hacía llamadas, no creaba estrategias, y siempre buscaba excusas para justificar mi falta de acción. "El mercado está saturado," me decía. "Nadie quiere comprar ahora." Pero, en el fondo, sabía que el problema no era el mercado; era yo.

MOMENTO DE QUIEBRE

Un día, escuche a Jim Rohn decir: "Todo mundo habla de amor propio pero nadie lo conecta con disciplina. Amarte tal como eres, no es suficiente. Si estás satisfecho contigo tal y como eres, entonces no estás creciendo. El amor real no significa aceptarte donde estás; significa empujarte más allá de donde creías que podías llegar. El progreso es la verdadera forma de amor propio."

Algo dentro de mí se encendió. Fue como si esas palabras me gritaran en la cara. Me di cuenta de que había pasado años atrapada en mis excusas, complaciéndome con mensajes cómodos que me mantenían en mi zona de confort. Había confundido autoaceptación con resignación y autoestima con conformismo.

Esa noche, finalmente lista para enfrentarme a la verdad, lloré. Me di cuenta que el "amor propio" que me estaba mostrando era en realidad autosabotaje. Había tenido suficiente. Si quería cambiar, tenía que empezar en ese instante.

Me levanté al día siguiente y escribí dos listas: "Cómo soy" y "Cómo quiero ser". En la primera puse palabras como "inconsistente", "indecisa", "procrastinadora". En la segunda escribí "fuerte", "imparable", "disciplinada". Me prometí que haría todo lo necesario para cerrar esa brecha y hacer vida las palabras que había escrito.

Oficialmente inicié mi transformación tomada de la mano de expertos en nutrición y deporte. Los primeros días en mi nueva rutina de ejercicio fueron brutales, apenas podía terminar lo que el entrenador me pedía. Pero conforme avanzó el tiempo, noté como mi fuerza, agilidad y resistencia crecían. Gracias a la ayuda de una persona competente, logré hacer un cambio en mi alimentación. Sin necesidad de dietas extremas, ni pastillas milagro. En exactamente un año y cuatro meses logré mi objetivo de tener 14% de grasa corporal. Al verme al espejo en bikini por primera vez, vi a una Coral que había logrado recuperar el control de su vida, y supe que jamás volvería a aceptar una versión mediocre de mí.

Decidí aplicar la misma disciplina a mi negocio. Dejé de escuchar frases como "el dinero no es lo más importante" y me di permiso de ser ambiciosa. Ya no buscaba excusas ni evitaba lo incómodo. Hice llamadas, mejoré mi estrategia de ventas y aprendí a manejar las objeciones. Salí de mi zona de confort y tomé riesgos. Empecé a lanzar mis productos con más seguridad, mejor planeación y a conectar genuinamente con mi audiencia. Dejó de importarme lo que otros pensaran; mi única meta era impactar, crecer y facturar.

Amarte no significa aceptar todo lo que eres hoy; significa comprometerte a desarrollar tu máximo potencial en todas las áreas de tu vida.

Hoy, veo hacia atrás y apenas reconozco a la persona que era antes. Porque esa Coral no tenía idea de lo fuerte, disciplinada y capaz que podía llegar a ser. Ahora sé que la única forma de amarte de verdad es exigiéndote más y demostrando cada día de lo que eres capaz. Amarte implica exigirte ser mejor que ayer.

ACEPTACIÓN ≠ CONFORMISMO

Aceptar la realidad de dónde estás hoy no significa quedarte ahí para siempre. Significa que reconoces tu punto de partida, pero también que te comprometes a ir más lejos. Aceptar quién eres no es lo mismo que conformarte con lo que eres. Analiza tus fortalezas y reconoce tus debilidades, solo así sabrás lo que hay que trabajar para avanzar y de dónde apalancarte.

Quedarte en la idea de "soy suficiente tal como soy" puede ser una excusa para no hacer el trabajo necesario para convertirte en quien realmente puedes ser.

EL AMOR PROPIO NO ES INDULGENCIA, ES DISCIPLINA

Es respetarte lo suficiente como para hacer el trabajo incómodo y así convertirte en tu versión más poderosa. Amarte no es darte permiso para quedarte donde estás. Es exigirte porque sabes que puedes más. Es mirar tus heridas, tus excusas, tus límites... y enfrentarlos.

Si de verdad te amas, no te vas a apapachar con frases bonitas mientras tu vida se desmorona. Vas a levantarte, a incomodarte, a hacer el trabajo. Todos los días.

Porque sabes que tu nivel —personal, físico, emocional, financiero— es mejorable.

Y te amas lo suficiente como para no conformarte con menos.

El amor propio no es pasivo. Es activo y acciona masivamente.

NUGGET DE PODER

Si realmente te amas, no buscarás excusas para quedarte donde estás; buscarás razones para crecer.

Cada vez que haces lo que dijiste qué harías, estás fortaleciendo tu confianza. Cada vez que completas una tarea, cumples un objetivo o enfrentas un desafío con disciplina, te estás demostrando que puedes confiar en ti. Y aquí está el secreto: si no puedes confiar en ti mismo, nadie más podrá hacerlo.

Por el contrario, cada vez que te traicionas —cuando dices que vas a hacer algo y no lo haces, cuando te permites comprar tus excusas para no actuar— destruyes un poco de esa confianza. Empiezas a dudar de ti, a cuestionar tus habilidades y tu compromiso. La falta de disciplina es el camino más rápido hacia la inseguridad y la falta de amor propio.

La disciplina es tu seguro contra el caos. Porque la vida no te va a pedir permiso para ponerte a prueba. Te va a sacudir. Te va a doler. Vas a fallar, te van a criticar, vas a dudar de ti más de una vez. Y en ese punto, la motivación no sirve. Pero si tienes disciplina, no te quiebras: avanzas. Incluso con miedo, con dudas o con el mundo encima, sigues. Porque sabes algo que los demás no: puedes contar contigo. Haces lo que hay que hacer, con o sin ganas. Y eso, en este mundo, es un superpoder.

EL COMPROMISO CONTIGO

Si hay algo que quiero que te lleves de esto es lo siguiente: la disciplina no es algo que haces por los demás. No es algo que haces para impresionar, para evitar problemas o para cumplir expectativas externas. Es algo que haces por ti. Es un acto de respeto hacia ti, hacia tus metas y hacia tu potencial.

No importa cuánto talento tengas, cuántos recursos poseas o cuántas oportunidades te lleguen. Si no tienes disciplina, no las puedes explotar. Pero si desarrollas una autodisciplina implacable, no hay límite para lo que puedes lograr. Es hora de tomar una decisión: ¿Tienes el coraje de dejar de ser tu mayor obstáculo y empezar a exigirte como si tu vida dependiera de ello? Porque si la respuesta es sí, entonces la disciplina no solo será tu herramienta; será tu camino hacia la grandeza.

Esto no es negociable. Si quieres ganar, todo empieza aquí.

LA MOTIVACIÓN ES PASAJERA, LA DISCIPLINA ES ETERNA

La motivación es como la chispa que puede encender un fuego; es emocionante y te da energía inicial, pero no durará para siempre. Podemos depender de ella para empezar, pero si crees que la motivación será suficiente para mantenerte en el camino, estarás condenado a detenerte tan pronto como esa chispa se apague. Y créeme, se apaga más rápido de lo que piensas.

Muchas veces me dije que quería más de la vida: un mejor cuerpo, un negocio exitoso, una mentalidad fuerte. Pero en lugar de hacer lo necesario para lograrlo, esperaba sentirme *motivada*. Me levantaba temprano solo cuando la noche anterior había visto un video motivacional. Iba al gimnasio solo cuando estaba inspirada. Trabajaba en mi negocio solo cuando tenía energía, pero en los días difíciles encontraba excusas: "No es el momento," "Hoy no tengo ganas," "Te exiges demasiado." Pasaban semanas, meses, años, y mi vida no cambiaba. Me llenaba de planes sin ejecución, de sueños sin acción. Y lo peor de todo, cuando veía a otros lograr lo que yo quería, me decía que simplemente tenían más suerte, más talento o mejores oportunidades que yo. Nunca admitía la verdad: ellos estaban comprometidos, y yo, solo soñaba despierta.

Toqué fondo, me harté de mi inestabilidad. Me di cuenta de que si seguía esperando a sentirme motivada, mis resultados serían volátiles y esporádicos. Así que tomé una decisión: hacerlo, con ganas o sin ellas. Dejé de depender de la motivación y la reemplacé con disciplina. Ya no me preguntaba si tenía energía para entrenar, simplemente iba. Ya no esperaba sentirme inspirada para trabajar en mi negocio, simplemente me sentaba y lo hacía.

El problema con la motivación es que es emocional, mientras que la disciplina es una elección consciente. Las emociones son volátiles; un día estás inspirado, al siguiente no. Pero si dependes de tus emociones, serás inconsistente y poco confiable.

La motivación es como un amigo que está contigo en los buenos tiempos, pero desaparece cuando las cosas se ponen difíciles. Es fácil sentirse motivado cuando las circunstancias son buenas. Cuando tus ventas van en ascenso, cuando todo "fluye" y el entusiasmo está a tope, claro que es fácil moverte. Pero la vida real no es una racha perfecta. ¿Qué pasa cuando las cosas se estancan, cuando no hay likes, cuando tus resultados no llegan? Ahí es donde la motivación te abandona. Y si no tienes disciplina, te quedas sin energía, sin dirección y sin progreso.

Por ejemplo, piensa en cuánta gente se siente motivada al empezar el año: "Ahora sí voy a bajar de peso", "voy a ahorrar dinero", "voy a empezar mi negocio". En enero, los gimnasios están llenos, los presupuestos están organizados y las ideas fluyen. Pero ¿qué pasa en febrero?

Un estudio de la Universidad de Scranton reveló que 92% de las personas no logran cumplir sus metas de Año Nuevo. Una de las razones principales identificadas fue la falta de consistencia y disciplina para mantener las acciones necesarias con el tiempo. Para febrero, aproximadamente 80% abandona sus resoluciones.

La American Psychological Association (APA) publicó un análisis en 2012 sobre metas personales, en donde la falta de autocontrol y disciplina fueron identificados como las principales barreras que obstruyen el éxito, especialmente en metas relacionadas con la salud, las finanzas y el desarrollo personal.

Según un estudio realizado por Angela Duckworth, psicóloga de la Universidad de Pennsylvania, el "grit" o la capacidad de perseverar con pasión a largo plazo, supera al talento e incluso al coeficiente intelectual al predecir el éxito. ¿La lección brutal? La motivación te da el arranque. La disciplina, el grit, es lo que te mantiene firme cuando todo el mundo se cae.

Un estudio de Harvard titulado "Self—Control at Work: Evidence from a Field Experiment" demostró que la falta de autocontrol —como la dificultad para resistir distracciones o postergar gratificaciones— es una de las principales causas de baja productividad en el trabajo. Incluso en tareas simples, como la entrada de datos, quedó claro que, sin disciplina mental, el rendimiento cae, sin importar las condiciones externas.

Te resumo lo que acabas de leer: la motivación se desvanece, y con ella, las promesas. Porque se trata de mantener el ritmo. De seguir, aunque no lo sientas. De buscar resultados sostenibles y no fuegos artificiales temporales. Porque sin disciplina, las metas quedan abandonadas tan rápido como fueron establecidas.

DISCIPLINA SIN EXCUSAS: 5 CREENCIAS QUE DEBES SOLTAR

Primera creencia: "Ser disciplinado me llevará a tener una vida limitante y restringida":

La verdad: la disciplina no te encierra, te libera

Ser disciplinado te da el control necesario para elegir una vida de propósito y significado, en lugar de una dominada por distracciones y placeres.

NUGGET DE PODER

La verdadera libertad proviene de la autodisciplina. Sin ella, somos esclavos de nuestros impulsos y deseos.

Segunda creencia: "Hay personas que nacen disciplinadas y otras no"

La verdad: la disciplina no es un talento, es un entrenamiento.

Las personas disciplinadas han tomado decisiones pequeñas, consistentes y difíciles una y otra vez. Y esas decisiones se han convertido en hábitos.

NUGGET DE PODER

Nadie nace perfectamente disciplinado. Cada decisión que tomas tiene un efecto acumulativo que transforma tu vida.

Tercera creencia: "Ser disciplinado significa eliminar toda flexibilidad o espontaneidad"

La verdad: la disciplina no elimina la espontaneidad, la hace posible.

Cuando tienes claridad en tus prioridades, no necesitas controlar cada segundo. Tienes estructura pero también tienes espacio. Cuando ya cumpliste con lo que te toca, puedes disfrutar de lo que te divierte sin ansiedad ni culpa.

NUGGET DE PODER

Tener estructura y enfoque te permite ser más eficiente, lo que deja espacio para lo inesperado o lo placentero sin sentirte culpable o desorganizado.

Cuarta creencia: "La disciplina requiere de motivación constante"

La verdad: la disciplina empieza cuando la motivación termina.

No necesitas sentirte motivado para hacer lo correcto; necesitas hacerlo.

NUGGET DE PODER

La disciplina empieza cuando la motivación termina.

Quinta creencia: "Disfrutar de los frutos de mi disciplina inmediatamente es imposible"

La verdad: cada acto de disciplina ya es una victoria.

Aunque es una inversión en tu futuro también tiene recompensas inmediatas: claridad mental, confianza en ti mismo y la sensación de que estás avanzando hacia tus metas. No es sacrificio; es estrategia.

NUGGET DE PODER

Cada pequeña acción disciplinada ya es una

victoria, te acerca a tus metas y te da una sensación de control y logro inmediato.

Así que al hacer de la disciplina un estilo de vida garantizas no solo éxito en tus proyectos, también plenitud y crecimiento en todas las áreas de tu vida.

EJERCICIO DE PODER:

Paso 1: Identifica tus creencias actuales sobre la disciplina

- ¿Qué pienso actualmente sobre la disciplina? ¿Creo que la disciplina es difícil, limitante o inalcanzable?

Paso 2: Reescríbelas

Por cada creencia errónea que identificaste, escribe una afirmación positiva y realista que la desafíe. Usa las enseñanzas de Ryan Holiday como guía.

Ejemplo:
Antigua creencia: *"La disciplina me limita."*
Nueva creencia: *"La disciplina me libera porque me ayuda a enfocarme en lo que realmente importa."*

1.
2.
3.

Paso 3: Define tu propia visión

- ¿Qué significa la disciplina para mí?
- ¿Cómo puedo usar la disciplina para vivir mejor y con más propósito?

- ¿Qué áreas de mi vida mejorarán aún más si soy más disciplinado?

Ejemplo: "Para mí, la disciplina es la capacidad de actuar según mis valores y metas, incluso cuando no tengo ganas. Si soy más disciplinado, puedo mejorar mi salud, mi carrera y mi paz mental."

Paso 4: Diseña un plan de acción

Elige un área específica de tu vida donde quieras ser más disciplinado (salud, trabajo, relaciones). Define una acción simple y clara que puedas realizar diariamente durante la próxima semana.

Ejemplo:
Área: negocio.
Acción diaria: generar y publicar contenido valioso diariamente para atraer a más seguidores y clientes, y aumentar mi presencia en línea.

Paso 5: Reflexiona al final del día

Cada noche, dedica 2-3 minutos para reflexionar sobre tu día y responde:

¿Cumplí con mi acción disciplinada hoy?

¿Cómo me sentí al hacerlo?

¿Qué aprendí sobre la disciplina hoy?

Ejemplo: "Aprendí que no es necesario esperar inspiración; simplemente necesito hacerlo. La disciplina diaria me ha mostrado que la acción constante genera creatividad y confianza. También noto que la calidad de mis publicaciones ha mejorado con la práctica. Lo que antes me tomaba 2 horas, ahora me lleva solo 45 minutos."

2

AUTO-LIBERACIÓN: LO QUE SOLO LA DISCIPLINA PUEDE DARTE

ROMPE LAS CADENAS DEL PASADO: CÓMO LA DISCIPLINA RECONSTRUYE TU IDENTIDAD

La mayoría de las personas pasan la vida encadenada a su pasado. Se aferran a errores, fracasos, inseguridades y excusas que los mantienen en el mismo lugar, día tras día. Se dicen a sí mismos: "Es que siempre he sido así" o: "Esto es lo mejor que puedo hacer". La verdad es que tu pasado no define quién eres, pero tu interpretación de él puede sabotear en quién podrías convertirte. Lo que haces con tu pasado es lo que realmente importa. Puedes dejar que te controle o puedes convertirlo en tu mejor aliado.

LA DISCIPLINA COMO EL CAMINO HACIA LA AUTOLIBERACIÓN

Si estás acostumbrado a rendirte cuando las cosas se ponen difíciles, la disciplina te enseña a quedarte en el juego. Cada vez que decides terminar lo que empezaste, estás rompiendo una cadena mental que antes te detenía.

Ser disciplinado no se trata de restringirte, se trata de crear un nuevo estándar para ti, uno que te libere de los patrones destructivos que has repetido una y otra vez durante años. Cada acto de disciplina es una declaración: "Soy más fuerte que mi pasado. Estoy en control de mi presente y mi futuro."

LA HISTORIA QUE TE HAS CONTADO

La mayoría de las personas viven prisioneras de sus propias historias: "Siempre he sido el que se rinde" o "soy malo para las ventas" o "no tengo la fuerza de voluntad para cambiar". Pero esas cadenas no se rompen con palabras bonitas; se rompen con acción consistente.

Tu pasado solo tiene el poder que tú le das. Cada vez que haces algo diferente, cada vez que eliges actuar en lugar de retroceder, estás destruyendo las creencias que te mantienen atado. Las personas encadenadas por su pasado:

Se quedan atrapadas en la culpa y las excusas: culpan a los demás, a las circunstancias o a la "mala suerte" por lo que les sucedió en lugar de asumir la responsabilidad de sus propias decisiones y acciones.

Diálogo interno: "Mi negocio de hace diez años fue un fracaso, lo que pasa es que mi socio era un idiota. Seguramente si hubiera elegido a alguien diferente hoy sería millonario." Al no tomar responsabilidad, nunca aprenden ni cambian, perpetuando los mismos errores.

Se victimizan constantemente: usan el pasado como una excusa para justificar por qué no toman acción en el presente. Se ven a sí mismos como víctimas de las circunstancias, incapaces (o indecisos) de cambiar su realidad.

Diálogo interno: "Esta circunstancia fue demasiado difícil. No puedo superarla." Se lamentan eternamente, lo que los paraliza y los mantiene en un estado de inacción y autocompasión.

Se aferran al sufrimiento: se la pasan procesando y reprocesando una situación. Su energía emocional y mental se drena en un vortex inútil que contempla algo que ya no pueden cambiar. Pierden tiempo luchando con la realidad.

Diálogo interno: "Con la mamá que tuve, era imposible que yo fuera exitoso. Estoy condicionado. Por más que intente, siempre voy a estar un paso atrás de los que sí tuvieron una infancia *normal*."

Justifican "el fracaso" actual: utilizan el pasado para justificar sus circunstancias actuales y lo utilizan de excusa para no esforzarse ni elevar sus estándares.

Diálogo interno: "No puedo hacerlo porque no crecí con dinero, además nadie me ha apoyado nunca."

Buscan validación en lugar de soluciones: hablan constantemente de su pasado como una forma de buscar simpatía o validación, pero no buscan formas de cambiar su narrativa.

Diálogo interno: "Mira lo que he pasado, dame reconocimiento por haber sobrevivido." Esto los mantiene atrapados en el pasado, porque su identidad se basa en los problemas que han tenido, no en la fortaleza de sobrellevarlos.

NUGGET DE PODER

Tu pasado es tu campo de entrenamiento, donde aprendiste tus lecciones más duras,

desarrollaste resistencia y descubriste de qué estás hecho.

PRINCIPIOS PARA CONVERTIR TU PASADO EN PODER

1. Elige no ser víctima

Lamentarte por el pasado no cambia nada. Cada vez que te quedas atrapado en el "por qué a mí", estás entregando tu poder. En lugar de preguntarte "por qué", pregúntate "¿qué voy a hacer ahora con esto? ¿Qué aprendizaje poderoso y herramienta puedo obtener de esta situación?"

2. Acepta la realidad

No puedes reescribir el pasado. Pero sí puedes reescribir el significado que le das y cómo lo usas para convertirte en alguien más fuerte. Acepta lo que pasó y deja de desperdiciar tu energía luchando con un principio que no cambiará.

3. El dolor enseña lo que el éxito no puede

El dolor y el fracaso están ahí para encender tu fuego y hacerte resiliente frente a las dificultades de la vida. No desaproveches la oportunidad de usarlos.

Si sigues lamentándote, estás ignorando la lección y prolongando el sufrimiento. Aprende siempre. Adáptate. Y sigue adelante.

4. Hazte responsable

No eres responsable de lo que te pasó, pero sí de cómo has permitido que afecte tu presente. Si sigues viendo hacia atrás, te estarás perdiendo lo que hay frente a ti. Toma el control, porque nadie más lo hará por ti.

LA IDENTIDAD SE RECONSTRUYE CON ACCIÓN

Tu identidad no está escrita en piedra. No eres tus errores, no eres tus fracasos, y definitivamente no eres tus excusas. La disciplina te permite reconstruir quien eres. Paso a paso. Día tras día. Cada elección define tu identidad.

No despiertas siendo otra persona. Te construyes. Con cada elección difícil, con cada impulso que dominas. No te transformas deseándolo, te transformas demostrándolo. Actúa como si ya fueras esa versión tuya que aún no reconoces... y un día, lo serás.

Si quieres ser alguien confiable, empieza por cumplir cada promesa que hagas. Incluso a ti mismo. ¿Dijiste que ibas a entrenar? Hazlo. ¿Prometiste que terminarías ese proyecto? Cúmplelo. La confianza se gana, no se exige.

DESPÍDETE DE LOS LAMENTOS

La disciplina no es cómoda. No se siente bien levantarse temprano. Ni rechazar la gratificación instantánea. No se siente bien decir "no" a compras innecesarias para invertir en tu negocio. No se siente bien tener esa conversación incómoda cuando preferías callar. Pero se siente infinitamente mejor vivir una vida construida con intención que sobrevivir evadiendo el conflicto a toda costa.

Cada acto de disciplina te libera del arrepentimiento, de la culpa y del peso de las decisiones que sabes que no fueron las correctas. Porque recuperas tu poder al transformar el miedo en acción. La falta de disciplina es lo que deja espacio para la indecisión, el remordimiento y la frustración de saber que pudiste haber hecho más, pero no lo hiciste. Es lo que te mantiene despierto por las noches preguntándote "¿y si lo hubiera intentado?", "¿y si no me hubiera rendido?", "¿y si hubiera sido más fuerte?" La disciplina elimina esos "¿y si?" y los reemplaza con hechos. Con datos duros y evidencia concreta de que hiciste lo que era necesario. Cada día que eliges la disciplina, te aseguras no tener que mirar atrás lamentándote. Porque lo diste todo.

Y cuando llegas a ese nivel, el arrepentimiento no tiene poder sobre ti, porque cada acción disciplinada fue una inversión en tu grandeza, no en tu excusa.

NUGGET DE PODER

La incomodidad de la disciplina es temporal. El sufrimiento de vivir una vida sin crecer tu potencial es eterno. ¿Cuál eliges?

La autoliberación no es un destino, es un proceso

Liberarte de las cadenas de tu pasado no pasa de la noche a la mañana. Es un compromiso de todos los días. Y cada pequeño acto de disciplina te acerca más a la libertad que siempre has soñado tener.

Con el tiempo, las cosas que antes parecían imposibles se convierten en hábitos, y esos hábitos construyen tu identidad.

NUGGET DE PODER

La libertad real no es la ausencia de trabajo, es el control total sobre quién eres y lo que haces. Y eso solo se obtiene con disciplina.

CÓMO APALANCARTE DE LA DISCIPLINA PARA CREAR UN CAMBIO DURADERO

El primer paso para que la disciplina se convierta en un pilar de tu vida es asociarla con placer en lugar de sacrificio. La clave para un cambio duradero está en reprogramar tus neuro asociaciones, la forma en que tu cerebro interpreta la acción disciplinada.

Date cuenta de que si cada vez que entrenas, trabajas en tu negocio o tomas decisiones difíciles lo ves como una obligación, vas a estar luchando contra ti mismo. Pero si, en cambio, cada acto de disciplina lo asocias con progreso, con acercarte a la vida que verdaderamente quieres, entonces cada paso es una batalla ganada.

Si ves la comida saludable como castigo, tu esfuerzo está condenado. Nadie mantiene disciplina desde la tortura. Pero si te enfocas en cómo cambia tu energía, cómo mejora tu rendimiento, cómo se transforma tu cuerpo, entonces la disciplina deja de sentirse pesada. Ya no es un deber. Estás diciendo: "Me elijo a mí."

Lo mismo ocurre con el negocio. Si cada día que trabajas en él lo ves como una carga porque "debes hacerlo", te costará mantener el ritmo cuando lleguen los desafíos. Pero si cada esfuerzo lo asocias con la construcción de tu libertad financiera, con la capacidad de impactar más vidas y con el orgullo de ver lo que creaste con tus propias manos, entonces la disciplina se transforma en motivación interna. La gente no abandona porque no es capaz, sino porque no encuentra un significado poderoso en lo que hace. Cuando cambias la historia que te cuentas sobre la disciplina, cambias tu capacidad de mantenerla en el tiempo.

Recuerda que la disciplina solo se sostiene a largo plazo si te comprometes con un estándar que te exija salir de tu zona de confort. No se trata de hacer lo suficiente para sentirte bien en el momento, sino de establecer una identidad que no tolere la mediocridad. No es "voy a intentarlo", es "esto es lo que hago, esto es quien soy". Los que logran un cambio real no lo ven como una opción, sino como su nueva norma de vida. Cuando tu estándar de vida exige acción consistente, la disciplina deja de ser una lucha y se convierte en tu estado natural.

Si quieres ser el mejor empresario, no vas a estudiar a las mejores empresas de vez en cuando. Vas a estudiarlas constantemente. Porque tu identidad es la de alguien que crece y se expande. Que analiza, aprende y supera. Si alguien quiere tener éxito en ventas, no hace llamadas cuando está de buen humor, hace llamadas todos los días porque se ha convertido en parte de su estándar. El verdadero cambio ocurre cuando la disciplina se vuelve parte de tu identidad, no solo una acción temporal.

Cuando te apalancas de la disciplina de esta manera, no hay obstáculo que te detenga. No dependes de la motivación, no buscas excusas, y lo más importante: no vuelves atrás. Porque ya no estás simplemente "intentando" algo nuevo, te estás convirtiendo en la persona que lo hace. Y esa es la diferencia entre quienes intentan cambiar y quienes realmente transforman sus vidas.

LA DISCIPLINA COMO TU IDENTIDAD

Para que la disciplina no sea solo una acción temporal sino parte de quién eres, debes empezar por definir tu identidad con claridad. No se trata solo de lo que haces, sino de quién decides ser. Si te ves como alguien que "trata de ser disciplinado", siempre tendrás la opción de fallar. Pero si te defines como una persona disciplinada, ya no es una elección, es un estándar. Definir tu identidad hará una diferencia más grande de lo que crees, porque sin saberlo, actúas de manera consistente con la persona que crees que eres. Si ves la disciplina como algo ajeno. Que no tiene nada que ver contigo. La vas a resistir y no vas a lograr integrarla. Pero si la asumes como parte de tu esencia, se convierte en algo tan natural como respirar.

No hay mejor ejemplo de lo que significa dejar de contarte excusas y empezar a forjarte con la disciplina, que la historia de David Goggins. David fue un niño con sobrepeso, creció en un entorno de caos, abuso y violencia. Ya adulto, se encontraba pesando 130kg y trabajaba fumigando cucarachas. Se había instalado en un ciclo vicioso de autocompasión y resignación; comiendo mal y viviendo a medias. Un día, como cualquier otro de su rutina depresiva y sedentaria, vio en la tele un anuncio de los Navy Seals. Hombres mojados, embarrados de lodo, gritando, resistiendo. Hombres que no huían del dolor: lo atravesaban para hacerse más fuertes. Y en ese momento, el contraste lo fulminó. Se vio a sí mismo como un hombre sin fuerza, sin control, sin dignidad. Y estaba harto.

En tres meses bajó más de 45 kilos. Falló los exámenes de ingreso dos veces. Pero no se detuvo. Siguió. Se convirtió en Navy Seal. Luego en ultra maratonista de más de 160km, rompió récords Guiness, y aprendió a usar la fatiga como parte del proceso.

¿Cómo lo hizo?

1. Reprogramó su identidad.
Cada vez que su "yo débil" aparecía, respondía con acción. Estaba matando al hombre viejo y creando al nuevo.

2. Dominó su diálogo interno.
No se decía "creo que esto es suficiente", continuó empujando sus límites hasta cumplir sus metas.

3. Usó el dolor como maestro.
La incomodidad y el dolor se convirtieron en una vía de entrenamiento para su mente y cuerpo. No en algo que debía evitarse.

Y lo resume así: "La disciplina me dio una identidad que nadie puede quitarme. No soy talentoso, soy forjado."

La importancia de que la disciplina esté en tu identidad radica en que tu vida se rige por los estándares que te pones. Estándares de excelencia, no de mediocridad. Cuando la disciplina es parte de tu identidad, ya no necesitas fuerza de voluntad para actuar. No estás esperando motivación, o aprobación. Simplemente haces lo que dijiste que harías porque la persona que eres no te permite otra cosa. Sin excusas. Sin drama. Así como alguien íntegro no miente porque va contra su código, tú no rompes tu palabra porque va contra quien eres. Tu nivel ya no es "ojalá pueda". Tu nivel es "esto es lo que hago".

Tu identidad se refuerza con acciones diarias. Cada vez que cumples tu palabra, que eliges incomodidad sobre excusas, la fortaleces. No es suficiente decir que quieres ser más saludable; cada comida que eliges, cada entrenamiento que completas, cada noche que priorizas el descanso, refuerza que eres una persona disciplinada en su salud. ¿Vas a seguir adaptándote a tus excusas, o vas a empezar a vivir desde tu estándar?

NUGGET DE PODER

Cuando la disciplina se convierte en parte de lo que eres, ya no es una carga ni un esfuerzo: es simplemente tu manera de operar.

3

EL ARTE DEL DOMINIO

ACTÚA DESDE LA RAZÓN, NO DESDE LA EMOCIÓN

La gente que opera desde la emoción es volátil, inconstante y frágil. Actúa solo cuando se siente bien y se detiene cuando las cosas se complican. Su productividad depende del clima emocional del día y sus decisiones nacen más del impulso que del propósito. Reacciona en lugar de elegir, y le cuesta sostener compromisos porque no sabe sostener su palabra. No dicen: “no quiero”. Dicen: “no puedo”, como si no tuvieran otra opción.

Si quieres dominar en cualquier área de tu vida, necesitas trazar con claridad tu ruta, actuar desde la razón y no desde la emoción. Deja de avanzar en zigzag. Atrapado en ciclos de entusiasmo y abandono, motivación y culpa. Elige tu vida. No reacciones a ella.

NUGGET DE PODER

No eres tus impulsos, eres lo que eliges hacer con ellos. Los que obedecen sus emociones sobreviven. Los que eligen, dominan.

CEDE AL IMPULSO Y ENTERRARÁS TU VISIÓN

La emoción busca comodidad. Quiere lo fácil, lo inmediato. La razón busca dirección y progreso. Como dice el doctor Jordan B. Peterson: "Debes determinar hacia dónde vas, porque no puedes acertar a un objetivo que no apuntas." Cada vez que permites que tus impulsos te dominen, es como mover tu ficha en todas direcciones al mismo tiempo. Y así, por más que te desgastes, es imposible que avances. Cuando permites que un impulso decida por ti, estás reforzando la debilidad de tu carácter. Cuando eliges la disciplina, te estás entrenando para el éxito.

Seguramente conoces la historia de WeWork, su fundador tenía una visión poderosa: reinventar la forma en la que el mundo trabajaba. Por un tiempo lo logró, convenció a todos a su alrededor de que valía la pena invertir en su proyecto. Pero en lugar de liderar la empresa, que ya tenía millones de dólares respaldándola, con cabeza fría y estrategia empezó a operar desde el ego, el impulso y la emoción.

Se expandió a otros países sin tener un modelo sólido. Hizo inversiones multimillonarias sin fundamentos, se compró un jet privado y llenó su vida de caprichos sin sentido. Todo mientras la empresa se desangraba en pérdidas colosales. La bomba explotó cuando intentó hacer pública la compañía, salieron a la luz sus excesos y total falta de disciplina financiera. El resultado fue brutal: un colapso de valor de más de 80% en cuestión de semanas.

¿Por qué? Porque confundió intuición con descontrol y avaricia con visión. Porque lideraba con impulsos desbordados y no con disciplina implacable.

NUGGET DE PODER

Una empresa no es un altar para tus

emociones. Es un reflejo de tu capacidad para sostener una visión cuando la emoción desaparece.

SI NO ESTÁS EN CONTROL, ALGUIEN MÁS LO ESTÁ

Si no tomas el mando absoluto de tu cuerpo, de tu mente, de tus finanzas, de tu tiempo y de tus relaciones, entonces siempre serás una víctima de lo que el mundo decida hacer contigo. La gente que permite que su vida dependa de circunstancias externas y de emociones cambiantes, es la que termina quejándose de que nunca logra lo que quiere.

AUTOCONTROL ES PODER

El autocontrol es lo que distingue a los que eligen su destino, de los que siguen cobardemente el camino que otros les imponen. Puedes creer que el control es tiránico, pero no tienes que controlar al mundo, solo a ti mismo. Y eso, ya lo cambia todo. La realidad es que la falta de autocontrol podría destruirte la vida. Sin él, dependes de la suerte, la motivación pasajera, y de lo que los demás quieran hacer por ti. Como si estuvieras mendigando. Pidiendo permiso para avanzar. Pero cuando tus objetivos son claros y puedes dominarte, te conviertes en una fuerza imparable.

SIN DARTE CUENTA, ENTREGASTE EL VOLANTE

La mayoría de las personas pierden el control de sus vidas sin darse cuenta. Entregan el volante a sus impulsos, a sus miedos, a las excusas, a la evasión y, lo peor: a otras personas. Viven reaccionando. Se mueven cuando los empujan. Van en un avión que no manejan, esperando que el piloto invisible no los estrelle. Eso no es humildad ni fluidez. Es debilidad y cobardía disfrazada de resignación. Cada vez que cedes tu poder de decisión, tu autoestima se debilita, tu palabra pierde poder y el impacto de tus pasos es cada vez menor. Requiere de coraje mirarte de frente y decir "quiero ser YO el piloto de mi propia vida", sacar al invisible de una patada y reconocerte capaz de estar al mando. Deja de culpar. Deja de huir. Deja de esperar. Te presento a los pilotos invisibles más comunes:

EMOCIONES DESCONTROLADAS

Si permites que tu enojo, miedo o ansiedad tomen las decisiones por ti, en lugar de pensar y decidir estratégicamente, te convertirás en esclavo de cómo te sientes.

No avanzar no es parte de "ser humano" es una señal clara de que te falta un liderazgo interno sólido.

EL MIEDO AL "QUÉ DIRÁN"

Este piloto te hace elegir lo seguro, lo que no será juzgado, lo que aprueba la manada. Si necesitas validación de la sociedad, amigos o familia para tomar las decisiones que guíen tu vida; solo estarás cumpliendo expectativas ajenas, eres un borrego más del rebaño.

LA FALTA DE PLANIFICACIÓN Y ESTRUCTURA

Si tu destino no es claro y no tienes un mapa, ¿a dónde estás avanzando? Es como caminar dentro de un laberinto oscuro sin saber que estás atrapado. Das vueltas, te desgastas, tropiezas con los mismos muros... y acabas regresando al mismo punto sin saber por qué.

¿Has visto la película *Maze Runner*? Un grupo de adolescentes atrapados en un laberinto mortal. Para sobrevivir se organizaban, y uno de los roles más importantes era mapear el terreno todos los días, antes de que las puertas se cerraran y los monstruos aparecieran. Gracias a esa planificación diaria, cuando llegó el momento de escapar, ya sabían por donde salir. No fue suerte, fue estrategia. Lo mismo pasa contigo.

Las decisiones importantes no se toman en medio del caos emocional. Se toman antes. Pero si no hay dirección ni estructura, cuando llegue el miedo, la duda o el cansancio, no sabrás que hacer ni hacia donde correr. Y eso no es un accidente. Es consecuencia de vivir improvisando.

LA COMODIDAD Y LA FLOJERA

Si dejas que la comodidad mande en tu vida, prepárate para una existencia mediocre. Lo que es difícil suele ser justo lo que más necesitas hacer. Pero si tu prioridad es sentirte bien todo el tiempo, debes hacer lo necesario para crecer.

En una relación, por ejemplo, no es cómodo hablar de heridas pasadas, expectativas reales ni de lo que no está funcionando. Pero evitar esas conversaciones mientras el amor crece y haces planes a futuro... es cavar tu propia tumba. Imagina cambiar la incomodidad de una conversación honesta por la comodidad de una cita romántica. ¿Bonito? Sí. ¿Inteligente? No.

Y así es con todo. Si no tienes el coraje de salir de tu jaula acolchonada nunca lograrás nada significativo. Porque la grandeza no viene de lo cómodo. Viene de hacer lo incómodo una y otra vez, hasta que se vuelve tu nuevo estándar.

CÓMO LA DISCIPLINA TE MANTIENE EN CONTROL

La disciplina te entrena para actuar sin negociar: no entres en diálogos mentales, no te justifiques ni preguntes si tienes ganas. Simplemente haz lo que dijiste que harías y punto. Tu parte débil aprenderá a quedarse callada cuando vea que ya no manda.

La disciplina te da estructura. Cuando sigues un plan diario bien definido, el caos no te arrastra. No importa si estás motivado o no. Sabes qué sigue y lo haces.

La disciplina elimina la incertidumbre. No improvisas tu vida. La ejecutas. Eso te da confianza, claridad y enfoque.

La disciplina te protege de la manipulación externa. Cuando tus metas son claras y tu estándar es alto, nadie —ni tus excusas, ni las opiniones de otros— podrá convencerte de sabotearlo.

NUGGET DE PODER

Tu plan es tu escudo. Tu disciplina, tu arma.

POR QUÉ "DEJA QUE TODO FLUYA" ES UNA FRASE RIDÍCULA

Si alguna vez alguien te ha dicho: "Relájate, deja que todo fluya", huye. Porque eso es exactamente lo que dicen los que han renunciado a su poder. Piensa en alguien que todos los días se despierta a las 5 de la mañana, que entrena sin fallar, trabaja en su negocio sin distracciones y sigue un plan financiero con precisión. ¿Crees que esta persona está esperando que "todo fluya"? No. Está al mando de su vida porque su disciplina no le da más opción que avanzar. Fallar no está sobre la mesa.

"Dejar que todo fluya y nada influya" es otra forma de decir "no quiero hacer el esfuerzo de tomar el control de mi vida, así que aceptaré lo que venga". Es una excusa disfrazada de mentalidad positiva.

Durante años me convencí de que en la vida, había que fluir. Escuchaba consejos holísticos que decían: "Confía en el universo", "no te esfuerces, deja que las cosas lleguen a ti", "el dinero es energía, solo tienes que vibrar alto y llegará solo". Sonaba maravilloso. Sin presión, sin estrés, sin estructura. Y lo adopté completamente. Me repetía a que todo sucedería en el momento perfecto, que no tenía que forzar nada, que mi negocio crecería de manera orgánica si todo el tiempo mantenía la "energía correcta".

Pero la realidad fue muy diferente.

Mi negocio era un desastre. Pasaba los días meditando, haciendo afirmaciones positivas y visualizando el éxito, pero en la práctica, no tenía un plan, no hacía estrategias, no ejecutaba. No vendía porque no quería parecer "forzada" o "desesperada". Creía que los clientes llegarían por sentirse atraídos a mi autenticidad. Y cuando no lo hacían, en lugar de cambiar mi enfoque, me decía que tal vez mi energía aún no estaba sincronizada con la vibración correcta. Veía a otras emprendedoras avanzar mientras yo me quedaba estancada, pero en lugar de admitir que mi falta de acción era el problema, me convencía de que simplemente "no era el momento" o que tenía un "trauma más que sanar".

Mis finanzas eran un reflejo de mi mentalidad. Como no llevaba control de mis ingresos ni gastos, vivía en un ciclo constante de inestabilidad. Cuando el dinero llegaba, me decía que era "abundancia universal" y lo gastaba sin estrategia, creyendo que el universo siempre proveería. Pero cuando el dinero no llegaba, entraba en pánico. En lugar de buscar soluciones, me refugiaba en rituales espirituales, esperando que una "señal" me indicara qué hacer.

Incluso mi salud estaba fuera de control. Escuchaba a gurús decir que "debía escuchar a mi cuerpo" y que "si no tenía ganas de moverme, era porque no era el momento correcto para hacerlo". Así que cada vez que me sentía cansada, me daba permiso de quedarme en la cama. Cada vez que tenía antojos, me convencía de que mi cuerpo me los pedía por una razón. ¿El resultado? Sobrepeso, mi cuerpo estaba débil y cada día tenía menos vitalidad y energía.

Mi vida entera estaba basada en la creencia de que debía soltar el control, que todo debía llegar sin esfuerzo. Pero lo único que estaba llegando era caos.

Un día, después de otro mes sin ingresos y sintiéndome completamente agotada emocionalmente, me cayó un ladrillazo: no estaba dejando que todo fluyera, estaba permitiendo que todo se desmoronara entre mis manos. No tenía control de nada. Ni de mi negocio. Ni de mi dinero. Ni de mi cuerpo. Ni siquiera entendía lo que sentía. Mucho menos podía dominarlo. Me di cuenta de que las personas verdaderamente exitosas no "dejan que todo fluya". Toman el mando de sus vidas sin esperar señales cósmicas ni alineaciones mágicas. Viven con disciplina, estructura y ejecución. Porque el éxito no fluye, se construye.

Ese día decidí hacer las cosas diferente. Dejé de esperar a que el universo me trajera clientes y empecé a trazar y cumplir un plan de ventas con disciplina y enfoque todos los días. Dejé de confiar en la "energía del dinero" y empecé a pulir mis habilidades y a volverme estratégica. Dejé de creer que mi cuerpo "sabía lo que necesitaba" cuando entendí que lo que necesitaba era dejar de conformarse y empezar a exigirse más. Reemplacé la pasividad por disciplina, y mi vida cambió completamente.

USA LA DISCIPLINA MENTAL PARA RESISTIR LAS TENTACIONES Y MANTENERTE ENFOCADO EN TUS METAS

La tentación está en todos lados: la distracción fácil, la comida chatarra, la gratificación instantánea, la comodidad de postergar lo que sabes que debes hacer. Caer en la tentación es despertar cada mañana con intenciones de avanzar y crecer pero mirar tus redes sociales antes de que el día comience. Es decir, quieres estar en forma, pero pides comida rápida en lugar de cocinar algo saludable. Es querer construir un negocio exitoso, pero no hacer llamadas porque el rechazo te duele. Es vivir en un ciclo de impulsos donde cada decisión está dictada por lo que es más cómodo y placentero en el momento, en lugar hacer lo que realmente te acerca a tus objetivos.

Y la verdad: las tentaciones nunca desaparecen. No importa qué tan comprometido estés, siempre aparecerá algo que intentará desviarte. Todos sentimos la tentación de desviarnos, pero solo los que tenemos disciplina la vencemos. No negociamos con nuestras tentaciones.

La disciplina mental es la capacidad de tomar decisiones alineadas con tus objetivos sin dejar espacio para el debate interno, las excusas o la autonegociación. Es el control absoluto sobre tus pensamientos, impulsos y emociones, asegurando que no te desvíes de lo que realmente importa. No se trata de motivación ni de fuerza de voluntad momentánea, sino de entrenar tu mente para operar con enfoque, consistencia y resistencia, sin importar cómo te sientas en el momento.

La mayoría de las personas no fallan porque no saben qué hacer, sino porque se convencen de no hacerlo. Se enredan en un diálogo interno en el que su mente negocia con excusas disfrazadas de razones lógicas que parecen sabiduría. Debaten entre lo que saben que deben hacer y lo que es más fácil, cómodo o placentero en el momento. En su mente hay una lucha constante entre la parte de ellos que quiere triunfar y la que busca evitar la incomodidad.

CÓMO DEJAR DE NEGOCIAR Y TOMAR EL CONTROL

Si te das cuenta de que te identificas con alguno de estos patrones, la solución es clara: deja de negociar con la tentación y decide de antemano lo que harás.

> **Elimina el diálogo interno:** no te preguntes si tienes ganas. No te preguntes si es el momento. Simplemente hazlo.
>
> **Hazlo sin importar las circunstancias:** cansado o con energía, motivado o no, cumple con tu palabra.
>
> **Cierra las puertas a la excusa:** si sabes que caerás en tentación, elimina la opción antes de que aparezca.
>
> **Refuerza tu identidad:** no eres alguien que "trata de ser disciplinado", eres alguien que cumple sin excusas.

El truco no es eliminar las tentaciones, —que además, es imposible— sino ser más fuerte que ellas. Y la única forma de hacerlo es con disciplina mental absoluta: decidir de antemano, cerrar la puerta a la opción de fallar, actuar a pesar de la incomodidad y reforzar tu identidad como alguien que no negocía con excusas. Se trata de vencer las tentaciones una y otra vez, hasta que ya no tengan poder sobre ti.

Estoy contigo. Abajo te dejo un plan mental para que juntos logremos que confrontes y conquistes la tentación en las diferentes áreas de tu vida.

1) Entrenamiento

Mente disciplinada: "Hoy toca entrenar. Punto."

Mente que negocía: "Sé que debería ir al gimnasio, pero... tuve un día largo. Tal vez si descanso hoy, mañana rinda mejor. Además, tampoco quiero sobrecargar mis músculos. No quiero arriesgarme a una lesión. Puedo compensarlo entrenando el doble el fin de semana."

Estrategia para dejar de negociar: no te permitas tener la conversación. Si entrenar está en tu plan, entrena sin importar cómo te sientas.

Acción concreta: programa tu entrenamiento como si fuera una reunión con el CEO de tu vida (porque lo es). No te permitas faltar.

2) Empresa

Mente disciplinada: "Voy a hacer llamadas de ventas ahora."

Mente que negocia: "Podría hacer mis llamadas ahora, pero... tal vez debería prepararme un poco más. Voy a ver otro video de estrategias antes. Además, no quiero sonar forzado, así que mejor espero a sentirme más seguro. Y bueno, si hago las llamadas en la tarde, probablemente la gente esté más receptiva. Sí, mejor más tarde."

Estrategia para dejar de negociar: acción antes que emoción. No te preguntes si es el momento adecuado. Haz la primera llamada sin pensar.

Acción concreta: programa un temporizador de 10 minutos y empieza. Rompe la inercia antes de que tu mente encuentre más excusas.

3) Nutrición

Mente disciplinada: "Voy a seguir mi plan de alimentación sin desviarme."

Mente que negocia: "Sé que debo comer sano, pero... hoy es una ocasión especial. Además, un pequeño postre no me va a arruinar el progreso. De hecho, si no me lo permito, podría terminar con más ansiedad y comer peor después. Mejor disfruto esto y empiezo de nuevo mañana con más motivación."

Estrategia para dejar de negociar: decide de antemano qué comes y qué no. No dejes espacio para justificar decisiones impulsivas.

Acción concreta: cuando te enfrentes a una tentación, retrásala 15 minutos y haz otra cosa. Si después de ese tiempo sigues queriéndola, entonces reconsideras.

4) Descanso y comodidad

Mente disciplinada: "Me levanto a las 5 AM como lo planeé."

Mente que negocia: "Pero... dormí mal anoche. Tal vez si me quedo una hora más en la cama, estaré más descansado y rendiré mejor. Además, ¿realmente importa levantarme temprano si al final del día trabajo las mismas horas? Puedo compensar después. Un poco más de sueño me hará bien."

Estrategia para dejar de negociar: haz la primera acción sin pensar. Levántate, ponte de pie antes de que tu mente tenga tiempo de discutir.

Acción concreta: pon la alarma lejos de la cama y ten la ropa lista. Elimina la opción de quedarte acostado.

5) Finanzas

Mente disciplinada: "Voy a ahorrar el 30% de mis ingresos e invertir sin excusas."

Mente que negocia: "Sé que debería ahorrar, pero... esta compra es una inversión en mí mismo. Además, he estado trabajando duro y merezco darme un gusto. No quiero vivir con mentalidad de escasez. Mejor disfruto el dinero ahora y ya después me enfoco en ahorrar."

Estrategia para dejar de negociar: automatiza tus decisiones. Transfiere el ahorro de tu ingreso tan pronto lo recibas antes de tener la tentación de gastarlo.

Acción concreta: no tomes decisiones financieras en el calor del momento. Retrasa cualquier compra grande 48 horas. Si después de ese tiempo sigues queriéndola, analiza si es realmente necesaria.

Los que tienen disciplina mental actúan sin cuestionarse, eliminando cualquier opción que los aleje de su meta. Si quieres dominar tu vida, empieza dominando tu mente. Porque todo lo demás —tu cuerpo, tus finanzas, tu éxito— es un reflejo directo del nivel de disciplina que tienes en tu cabeza.

NUGGET DE PODER

La disciplina no se trata solo de hacer el trabajo duro, se trata de resistir lo que intenta sacarte del camino.

REFUERZA TU CARÁCTER Y CONFIANZA CREANDO HÁBITOS DE AUTOCONTROL CON DISCIPLINA

Tu carácter no se define por lo que haces una vez, se define por lo que haces consistentemente. Cada acción, por pequeña que sea, es una declaración de quién eres. Levantarte temprano, cumplir tus promesas, entrenar cuando estás cansado, estudiar cuando preferirías descansar... esas acciones te enseñan que puedes confiar en ti. Cada hábito disciplinado te refuerza la realidad de que haces lo que planeas, siempre. Y cuando puedes confiar en ti, el mundo no tiene poder para derribarte.

Los hábitos pequeños son la base de todo gran logro. Cada vez que repites una acción disciplinada, estás construyendo una versión más fuerte de ti. No se trata de hacer algo grandioso de inmediato, sino de repetir lo correcto día tras día hasta que se vuelva parte de tu identidad. Tal vez sea levantarte 10 minutos antes, leer una página más, o completar una tarea incómoda pero necesaria. No subestimes el poder acumulativo de estos actos aparentemente insignificantes: un hábito pequeño hecho con disciplina puede convertirse en un cambio monumental con el tiempo. Cuando transformas las decisiones diarias en victorias constantes, no solo estás logrando metas; estás programando tu mente para ganar, sin importar las circunstancias.

Cada acción disciplinada envía un mensaje claro a tu cerebro: "Soy confiable." Y esto es clave, porque si no puedes confiar en ti mismo, ¿cómo esperas que otros lo hagan? Cada vez que te propones algo y lo cumples, refuerzas la idea de que tienes el control, que no eres una víctima de tus emociones, circunstancias o distracciones. La confianza viene de saber que no necesitas que otros te vigilen, te presionen o te motiven; haces lo que necesitas porque así lo decidiste. Estos hábitos no solo construyen resultados, construyen tu carácter. Y con cada pequeño compromiso cumplido, tu confianza se eleva, no porque alguien más te lo diga, sino porque lo sientes en lo más profundo: *eres inquebrantable.*

4

BAJO PRESIÓN: CONVIÉRTETE EN ALGUIEN QUE NO SE QUIEBRA

La presión es una herramienta que pocos tienen el valor de usar. Quienes la enfrentan entran a un club exclusivo: el de los que están dispuestos a destacar en un mundo saturado de gente promedio. Los demás la evitan, la suavizan, la justifican. Prefieren comodidad antes que crecimiento, y esa mentalidad los condena a quedarse pequeños. La verdad es esta: si no estás dispuesto a sentir presión, tampoco estás listo para jugar en las grandes ligas.

La presión no siempre viene de jefes o *deadlines*. A veces es interna, disfrazada de comparación y miedo.

Recuerdo estar en una conferencia, parada frente a una sala llena de emprendedores exitosos, con speakers de renombre a mi lado —personas que parecían tener todo resuelto. Yo, en cambio, sentía que cada palabra que decía estaba siendo calificada, como si no tuviera derecho a estar ahí.

A mi alrededor, solo veía ingresos más altos, logros más grandes, negocios mejor posicionados. Yo apenas intentaba construir algo que valiera la pena compartir. Por fuera, fingía seguridad. Voz firme, postura erguida, como si perteneciera. Por dentro, la presión me aniquilaba. No me sentía a la altura.

Intenté calmarme contándome historias: que ellos habían tenido más oportunidades, más inteligencia, más experiencia, más recursos. Que era normal sentirme así. Inventé excusas: "La energía no se sentía bien", "ellos tienen grandes equipos detrás". Pero ninguna de esas narrativas aliviaba la presión. Solo servían para consolarme por no estar a la altura. Y mientras más me aferraba a esas excusas, más aplastada y débil me sentía.

Pasé una semana en crisis hasta que tomé una decisión: dejar de victimizarme. Usar esa presión como catalizador. Si la presión por los logros de otros me dolía, era señal de que había algo en mí que podía y debía crecer.

Recordé las palabras de Tim Grover: "La presión no te elige, tú eliges la presión." Y entendí algo brutalmente claro: si estaba en esa sala, al lado de personas con más éxito, no era por suerte ni por error. Me lo había ganado.

Dejé de preguntarme "¿qué hago aquí?" y empecé a decirme: "Este es exactamente el lugar donde debo estar."

No volví a permitir que la presión me quebrara. La convertí en gasolina. Ya no necesitaba validación externa; empecé a exigirme más y mejor. Mi enfoque cambió radicalmente. Ya no me debilitaba ver a otros más inteligentes, con más experiencia o logros. Al contrario: su éxito se volvió mi entrenamiento. Cada día, trabajaba para alcanzar —y eventualmente superar— su nivel de excelencia.

Me preparé como nunca para el siguiente evento: dominé cada palabra, cada pausa, cada respuesta. Adopté una mentalidad implacable. No se trataba de evitar el juicio, eso es inevitable, sino de estar lista para enfrentarlo con la certeza de que había hecho bien el trabajo. Mi voz ya no temblaba: no estaba improvisando. Cada frase que pronunciaba era una declaración de preparación y poder. La presión no desapareció, simplemente dejó de asustarme. Ahora la usaba como impulso.

Dejé de esconderme. Empecé a prosperar. Entendí algo fundamental: la presión no se va, y los grandes no necesitan que lo haga, la usan para demostrar que pertenecen.

Desde ese momento, dejé de ver los desafíos como amenazas y empecé a verlos como vitrinas para mi crecimiento. Donde antes abandonaba, ahora me mantengo firme. La incomodidad es temporal; los resultados, duraderos.

Mis logros no solo mejoraron mis circunstancias externas —trabajo, relaciones, salud— también reconstruyeron mi autoestima. Me convertí en una persona más segura, resiliente y con la capacidad de enfrentar cualquier cosa que la vida me ponga enfrente. Dejé de huir de la presión y ahora la convierto en la fuerza con la que conquisto mi destino.

La mayoría de las personas huyen de la presión porque les recuerda lo que no están dispuestas a enfrentar: su falta de preparación, su miedo al fracaso y, lo peor, su propio potencial sin explotar. Justifican su debilidad diciendo que "no era el momento adecuado", que "no tenían los recursos", o que "no se sentían listos". Pero la verdad es que nunca estarán listos si siguen huyendo. Se esconden detrás de excusas porque es más fácil que admitir que la presión los supera. Prefieren culpar a las circunstancias en lugar de verse al espejo y aceptar que la única razón por la que fallaron fue porque decidieron no esforzarse. Esa mentalidad es la diferencia entre los que hablan de ganar y los que realmente ganan. Si huyes de la presión, también estás huyendo de tu grandeza.

Uno de los mecanismos más comunes (y sutiles) para evitar la presión es espiritualizar la evasión. Usamos frases como: "El universo me está diciendo que este no es mi camino" o "prefiero fluir en paz que forzar algo que no está alineado con mi energía", para disfrazar el miedo, la inseguridad y la flojera. Es un discurso cómodo que justifica quedarse quieto mientras el mundo exige movimiento. Evitamos el esfuerzo, el riesgo y la posibilidad de fallar, creyendo que somos sabios... cuando en realidad somos cobardes.

NUGGET DE PODER

La verdadera espiritualidad no te adormece; te despierta. No te protege del fuego,

te entrena para caminar dentro de él.

LA PRESIÓN REVELA QUIÉN ERES REALMENTE

La presión no crea al ganador, lo expone. Cuando estás en el momento crítico, no hay tiempo para fingir o dudar; todo lo que has hecho —o no— para prepararte, sale a la luz. Bajo presión, las excusas no valen, y es ahí donde se define quién tiene lo necesario para mantenerse firme. Es un espejo sincero que refleja tus fortalezas y debilidades en tiempo real. Si te quiebras, no es la presión la que te derrota, sino la falta de preparación o la incapacidad de enfrentar el dolor. Este es el momento en que los grandes se diferencian, porque no solo sobreviven a la presión, sino que prosperan en ella.

LA PRESIÓN NO ES TU ENEMIGA, ES TU ENTRENAMIENTO

Los grandes no la ven como una piedra enorme que cargar, la buscan porque saben que del otro lado está la recompensa. Evitarla es evitar el crecimiento. No es la presión la que te aplasta, es tu miedo, tu duda o tu falta de preparación. Quien se entrena física, mental y emocionalmente no le teme al fuego; lo atraviesa con intención. Si quieres ser imparable, deja de huir de los escenarios incómodos y prepárate para ellos. La presión no desaparece, pero cuando estás listo, se convierte en el lugar donde te demuestras de qué estás hecho.

MANTÉN LA CALMA BAJO PRESIÓN

La calma bajo presión comienza con el control interno. No puedes controlar lo que sucede a tu alrededor, pero siempre puedes controlar cómo reaccionas. No permitas que las emociones dicten tu desempeño. En lugar de entrar en pánico o reaccionar impulsivamente, enfócate en lo que puedes controlar en ese momento. La clave es entrenarte para actuar desde la claridad, no desde el caos. Cuando sientes que la presión aumenta, detente un segundo, respira profundamente y pregúntate: "¿Cuál es el próximo paso que debo tomar?" No necesitas resolverlo todo de golpe; solo necesitas avanzar con precisión.

NUGGET DE PODER

Mantener la calma bajo presión no es

cuestión de suerte, es cuestión de dominio personal.

LA PREPARACIÓN ES TU ANCLA EN MEDIO DE LA TORMENTA

La razón por la que muchos se quiebran bajo presión es porque no están listos para ese momento. Recuerda, la confianza no viene de repetir afirmaciones vacías, sino de saber que hiciste el trabajo necesario. Si has practicado, entrenado y preparado cada detalle, no tienes razón para entrar en pánico. Bajo presión, aférrate a lo que sabes, a lo que has perfeccionado una y otra vez. Esa preparación actúa como un sistema de defensa contra el caos, dándote la capacidad de pensar claramente y ejecutar con precisión. La calma no viene de esperar que las cosas se resuelvan; viene de estar tan preparado que ninguna circunstancia puede sacarte del juego.

Cada día que dedicas a dominar tu habilidad, a profundizar en tu conocimiento y a prepararte para los momentos difíciles, reduces el espacio que el miedo ocupa en tu mente. La preparación te da confianza, porque sabes que has hecho el trabajo, que no dependes de la suerte o las circunstancias. Cada vez que te preparas, no solo fortaleces tu habilidad, también fortaleces tu mentalidad. Y con esa preparación, el miedo se convierte en poder, porque la presión ya no es una amenaza, es tu escenario.

CONVIÉRTETE EN LA ROCA EN LA QUE OTROS CONFÍAN

Los grandes no solo se mantienen calmados bajo presión creada por ellos mismos, lo hacen porque saben que son el ejemplo para los demás. Si quieres ser un líder, no puedes permitirte ser el más débil bajo presión. Mientras todos a tu alrededor entran en pánico, tu calma debe sostenerlos. En lugar de engancharte en el caos de otros, mantente firme y estable. La calma no significa que no sientes la presión, significa que eliges actuar desde el control, no desde el miedo. Cuando adoptas esta mentalidad, la presión deja de ser algo que te aplasta y se convierte en una herramienta que usas para demostrar tu dominio, inspirar confianza y liderar con fuerza.

EJERCICIO: CONVIERTE LA PRESIÓN EN PODER

¿De qué área estás huyendo... y cómo puedes transformar la situación?

A continuación, verás cuatro áreas clave de tu vida. En cada una, te presento dos caminos: uno desde la evasión, otro desde el dominio. Tu tarea es identificar en qué lado estás ahora mismo —sin filtros, sin excusas— y escribir qué acción vas a tomar para moverte al siguiente nivel.

1. Carrera profesional

Sin presión:
"Este ambiente es tóxico para mi salud mental." "El estrés no es para mí."

Huyes antes de probar nuevas estrategias. No mejoras, te rindes.

Con poder:
Te entrenas para liderar bajo presión. Planificas, priorizas, te fortaleces. Creces porque te mantuviste. ¿Dónde estás hoy? ¿Y qué puedes hacer diferente esta semana para responder con poder?

....

....

....

....

....

2. Relaciones personales

Sin presión:
"Esto es demasiado drama, no quiero lidiar con esto." Cancelas personas antes de enfrentar el conflicto. Huyes del crecimiento emocional.

Con poder:
Aprendes a hablar a lo incómodo, a resolver. No huyes: construyes vínculos fuertes desde la verdad. ¿Dónde estás hoy? ¿Qué conversación has evitado por miedo a la presión?

....

....

....

....

....

3. Emprendimiento o proyecto personal

Sin presión:
"No está alineado conmigo." "No quiero sacrificar mi paz por esto."

Eliges abandonar en lugar de ajustar.

Con poder:
Replanteas, corriges, perseveras. Creas algo real, porque soportaste lo difícil.

¿Qué parte de tu proyecto abandonaste por incomodidad? ¿Qué decisión pendiente tienes?

....

....

....

....

....

4. Salud y disciplina personal

Sin presión:
"No quiero obsesionarme con dietas." "Quiero aceptarme como soy."

¿Aceptación o resignación? Eliges la comodidad por encima de tu potencial.

Con poder:
Te disciplinas, no por estética, sino por respeto propio. Tu cuerpo cambia porque tu mentalidad cambió. ¿Dónde has usado la aceptación como excusa? ¿Qué hábito incómodo puedes retomar hoy mismo?

....

....

....

....

....

Cuando logras establecer la disciplina en tu vida, se convierte también en el gran poder que supera el trabajo bajo presión, el miedo y la incertidumbre, porque tú eres parte de la solución.

5

DISCIPLINA VS. PROCRAS-TINACIÓN: EL DUELO REAL

La procrastinación es el refugio de la gente promedio, el espacio donde las excusas se sienten cómodas y donde los sueños mueren. Es ese veneno silencioso que te hace creer que mañana es una mejor opción, que "no pasa nada" o que "necesitas más tiempo". Pero déjame decirte algo: el mañana nunca llega para quienes viven posponiendo su grandeza.

La vida de una persona que procrastina puede parecer tranquila en la superficie, pero por dentro está llena de caos, culpa y un constante ciclo de frustración. Cada día empieza con la intención de hacer las cosas mejor, con una lista mental de tareas que "definitivamente" va a completar. Pero el tiempo pasa, las distracciones se acumulan y las excusas empiezan a llenar el espacio donde debería estar la acción. "Lo hago *más tarde*" se convierte en un mantra silencioso que alivia momentáneamente la incomodidad, pero que eventualmente se transforma en una montaña de tareas inacabadas que pesan más con cada día que pasa.

A corto plazo, la procrastinación ofrece una falsa sensación de alivio. Es más fácil ver un meme, revisar las redes sociales o encontrar una excusa lógica para posponer lo importante. Pero esa comodidad inicial pronto se convierte en estrés, porque las tareas no desaparecen, solo se acumulan. Esto lleva a la sensación de estar constantemente detrás, luchando por ponerse al día mientras el tiempo sigue avanzando. La procrastinación crea una vida de reactividad en lugar de proactividad. En lugar de liderar tu día, te encuentras atrapado apagando incendios, resolviendo cosas a última hora y sintiéndote como si nunca pudieras avanzar.

Con el tiempo, la procrastinación roba toda tu autoconfianza. Cada tarea postergada es una promesa rota contigo mismo, y eso afecta profundamente tu autoestima. Te dices que lo harás "mañana," pero el mañana llega y tampoco lo haces, repites el ciclo. Te ves atrapado en un limbo donde tus metas parecen cada vez más distantes y tus días se llenan de actividades vacías en lugar de progreso real. La vida de una persona que procrastina no está definida por la falta de tiempo, sino por la falta de control, y con cada día que pasa, la sensación de no estar viviendo a la altura de tus sueños se hace más evidente.

Cada vez que pospones una tarea o un desafío, envías un mensaje a tu mente de que no confías en ti para manejarlo. Y ese mensaje se acumula. Día tras día te vuelves más inseguro, más cómodo con ese patrón de comportamiento y más atrapado en un ciclo donde la adicción a retrasar las cosas dicta tus decisiones.

Los que ganan en la vida y viven con una filosofía implacable, no procrastinan. No porque no sientan miedo o dudas, sino porque saben que esperar los debilita. Entienden que la procrastinación es como un músculo: cuanto más lo usas, más fuerte se vuelve y más te controla. La única manera de romper ese ciclo es tomar acción inmediata, aunque no te sientas listo, aunque no sea perfecto. Porque la perfección no existe, pero el progreso sí. Si quieres ganar, tienes que enfrentarte al momento, no cuando "llegue el lunes", sino ahora.

DISCIPLINA TU ENFOQUE PARA DEJAR DE PROCRASTINAR

Cuando postergas algo, no es porque no tengas tiempo, energía o recursos; es porque no estás asociando suficiente significado o urgencia a la tarea. Es un patrón de enfoque equivocado: te enfocas en el esfuerzo, la incomodidad o el miedo al fracaso, en lugar del resultado y los beneficios que obtendrás. La clave está en identificar por qué esa tarea es importante y cómo se alinea con lo que realmente quieres.

Una disciplina clave del enfoque es asociar dolor a la procrastinación y placer a la acción. Pregúntate: ¿Qué me costará si no hago esta tarea? ¿Qué oportunidades perderé, qué metas se alejarán? Si procrastinas, el dolor del arrepentimiento y el estancamiento serán inevitables. Ahora, imagina el placer de completar esa tarea: la satisfacción de avanzar, la confianza en ti mismo al saber que lo hiciste. Cuando entrenas tu mente para vincular emociones poderosas a la acción y emociones negativas a la postergación, tu enfoque se alinea con tus metas. Recuerda: la disciplina en tu vida depende de la disciplina en tu mente, y un enfoque disciplinado convierte la acción en un hábito natural y la procrastinación pierde su poder sobre ti.

APRENDE A ACTUAR AHORA, INCLUSO CUANDO NO QUIERES

Dejar de procrastinar no es complicado, pero tampoco es cómodo, por eso es exactamente que debes empezar ahora. La procrastinación es una decisión, no una condición. ¿Quieres saber cómo detenerla? Simplemente haz lo que tienes que hacer. No pienses en cuánto tiempo te llevará, ni en si lo vas a hacer perfecto, y no te distraigas buscando el momento correcto. Cuenta hasta tres y empieza. No te des el tiempo para dudar, para pensar en lo difícil que será o para buscar distracciones. Solo empieza. Porque aquí está el secreto: no tienes que querer hacerlo, solo tienes que hacerlo. Y cuanto más lo hagas, menos poder tendrá la procrastinación sobre ti.

NUGGET DE PODER

No necesitas motivación, necesitas movimiento.

Una pequeña acción, ahora mismo, destruye la inercia de la procrastinación y te pone en control.

PROCRASTINAR ES ELEGIR PERDER, ACTUAR ES DECIDIR GANAR: ¿QUÉ VAS A ELEGIR?

Cuando dejes de procrastinar tu vida será enfocada, intencional y llena de resultados concretos. Imagínate empezar cada día con claridad, sin dejar que las circunstancias dicten tu agenda. Sabes lo que tienes que hacer y, lo más importante, lo haces. No negocias contigo ni pierdes tiempo pensando si deberías hacer algo ahora o después; simplemente actúas. En esta vida, la procrastinación no tiene espacio porque has construido un sistema de disciplina que convierte cada tarea en un paso hacia tus objetivos, sin importar cuán incómoda o desafiante sea.

A corto plazo, vivir así te dará una sensación constante de confianza y control personal. En lugar de evitar las tareas difíciles, las enfrentas de inmediato, eliminando el estrés acumulado que suele acompañar a posponer las cosas. Empiezas a vivir en control, organizando tu tiempo y energía de forma estratégica para maximizar los resultados. Cada acción que tomas tiene un propósito claro, y al final del día, puedes ver hacia atrás con satisfacción, sabiendo que avanzaste hacia tus metas en lugar de quedarte atrapado en la inacción.

A largo plazo, esta forma de vivir te llevará a un progreso constante y un crecimiento imparable. Cada vez que completas una tarea, refuerzas tu confianza en ti mismo y te conviertes en alguien confiable también para los demás. Tu éxito no dependerá de la suerte, sino de tu esfuerzo constante y disciplinado. Vivirás con menos estrés, más claridad y un profundo sentido de propósito, porque entenderás que el tiempo es tu recurso más valioso y habrás aprendido a aprovecharlo al máximo. Tu vida no estará definida por excusas, sino por logros y una trayectoria constante hacia la excelencia.

SUPERA EL AUTOSABOTAJE CON ACCIONES IMPLACABLES

El autosabotaje no es solo un error ocasional, es una mentalidad programada para fracasar. Es cuando dices que quieres ganar, pero tus acciones demuestran lo contrario. Es hacer planes grandiosos y luego encontrar excusas para no ejecutarlos. Es saber lo que tienes que hacer, pero elegir no hacerlo. Es ese momento en que la oportunidad aparece frente a ti, pero en lugar de tomarla con ambas manos, la dudas, la postergas o la rechazas. El autosabotaje no es mala suerte, no es destino: es una decisión. Y lo peor de todo es que la mayoría de la gente ni siquiera se da cuenta de que lo está haciendo.

El autosabotaje ocurre porque tu mente está programada para protegerte, pero lo que cree que es seguridad, es en realidad una prisión. Desde pequeños, nos enseñan a evitar el fracaso, a no tomar riesgos innecesarios, a quedarnos en la línea de lo seguro. La sociedad premia la estabilidad, pero el problema es que esa estabilidad muchas veces significa mediocridad. Tu cerebro, diseñado para la supervivencia, interpreta cualquier cosa desconocida como una amenaza.

El éxito, el cambio, la ambición, implican incertidumbre, y por lo tanto, miedo. Entonces, te saboteas para quedarte en lo que te resulta familiar, incluso si sabes que eso no te llevará a donde realmente quieres estar. Peor aún, la gente que se sabotea se rodea de otros que hacen lo mismo. Buscan validación en círculos que refuerzan la mentalidad de excusas. "No te presiones tanto", "todos tenemos malas rachas", "el dinero no lo es todo". Crean narrativas para justificar su falta de acción y empiezan a ver a los ganadores como afortunados o privilegiados, en lugar de reconocer que la única diferencia es la capacidad de ejecutar sin excusas.

El autosabotaje también está alimentado por la falta de creencia en uno mismo. Si en el fondo no crees que mereces ganar, encontrarás formas de arruinarlo cuando te acerques al éxito. Sin duda has visto a personas que están a punto de lograr algo grande y, de repente, cometen errores tontos, empiezan a procrastinar o sabotean sus relaciones clave. No es coincidencia: es la mente jugando en tu contra. No es que no puedas lograrlo, es que inconscientemente tienes miedo de lo que implica cambiar. Para muchos, el éxito significa más responsabilidad, más exposición, más expectativas. Y si no han entrenado su mentalidad para manejarlo, se destruyen antes de llegar a la meta. La pregunta es: ¿vas a seguir permitiendo que tu propia mente sea tu enemigo, o vas a reprogramarla para ganar?

SI VIVES EN AUTOSABOTAJE, TU VIDA NO CAMBIA

Maya Shankar empezó a tocar el violín a los seis años. Era un prodigio. Su habilidad era tal, que a muy corta edad comenzó a tomar clases con Itzhak Perlman, uno de los más prestigiosos violinistas en el mundo. Su vida tenía una dirección clara: ser concertista mundial. Entrenaba sin descanso. Toda su identidad estaba construida sobre su talento.

Cuando cumplió quince, una lesión en un dedo la hizo perder su carrera en un segundo. Se ahogó en la desesperación y la tristeza. En un instante, no solo perdió su instrumento. Perdió también todo lo que había construido como identidad

Los años pasaron y con la frustración del éxito que pudo haber sido, Maya adoptó un camino de autosabotaje. Este no siempre suena a "me voy a arruinar". A veces suena a "mejor no me ilusiono", "esto no es para mí", "no me quiero exponer otra vez". Así, rechazaba oportunidades, no se comprometía a nuevos proyectos, porque seguía aferrada a "la niña que iba a ser increíble y no lo logró". Hasta que en la universidad, alguien le hizo una pregunta que la quebró y la reconstruyó al mismo tiempo: "¿Y si tu talento no era el violín, sino tu obsesión por la excelencia?"

Estas palabras la sacudieron por dentro, y Maya redirigió sus talentos a otra área. Estudió en Yale y Oxford y se convirtió en científica cognitiva y la asesora de comportamiento humano para la Casa Blanca. Ahora es productora ejecutiva del exitoso podcast "A Slight Change of Plans". Transformó su pérdida en poder.

No porque sanó mágicamente. Sino porque eligió dejar de definirse por lo que perdió y empezó a construirse con lo que sí tenía: enfoque, rigor, curiosidad y ¡muchísima disciplina!

NUGGET DE PODER

El autosabotaje se siente como protección...

hasta que decides que no necesitas más protección. Lo que necesitas es avanzar.

PARA DEJAR DE SABOTEARTE:

1) Asume el control total

El primer paso para romper el autosabotaje, y hablamos mucho de esto, pero la repetición es la madre de la maestría; es dejar de culpar a las circunstancias, al pasado, a la falta de recursos o al tiempo. Nadie va a salvarte. Nadie va a hacer el trabajo por ti. Hasta que tomes responsabilidad total de tu vida, seguirás encontrando excusas. La gente exitosa no espera que la motivación llegue, no espera que la situación sea perfecta. Ellos crean el momento, crean las oportunidades. Si sigues pensando que algo o alguien debe cambiar antes de que puedas avanzar, ya perdiste.

Tomar control total significa que cada resultado en tu vida es tuyo, sea bueno o malo. Si tu negocio no está funcionando, no es culpa del mercado, es culpa de tu estrategia. Si no tienes el físico que quieres, no es culpa de tu genética, es culpa de tus hábitos. Si tus relaciones no son como quisieras, no es culpa de los demás, es culpa de tu nivel de compromiso. No es un juego de culpa, es un juego de control. La diferencia entre la gente que gana y la que se sabotea es que los ganadores nunca buscan excusas. Buscan soluciones. Cuando eliminas la opción de culpar factores externos, tu mente se enfoca solo en lo que puedes hacer para mejorar. Y eso, mi amigo, es el inicio de una mentalidad implacable.

2) Mata la mentalidad de "sentirse listo"

La gente se sabotea porque cree que primero tiene que sentirse segura, motivada o preparada para actuar. Gran error. Nadie empieza sintiéndose listo. La clave para ganar es hacer lo que se tiene que hacer, sin importar si tienes ganas o no. No esperes a sentir confianza, la confianza se construye con acción: recuérdalo.

NUGGET DE PODER

No esperes a que todo esté alineado, la perfección es solo

otra excusa para postergar. Si quieres salir del autosabotaje, haz lo que debes hacer, incluso cuando no te sientas listo.

La diferencia entre un profesional y un amateur es que el profesional actúa sin importar las circunstancias. Si sigues esperando el momento perfecto, la cantidad perfecta de motivación o la validación externa, nunca harás nada. El momento de actuar es ahora. Actúa primero, la mentalidad de ganador vendrá después.

3) Crea una mentalidad de ejecución total

Cortar tu relación tóxica con el autosabotaje significa cambiar el enfoque de pensar demasiado, a ejecutar sin piedad. La ejecución constante y brutal es la diferencia entre la gente que gana y la gente que sigue en la misma situación año tras año. Así que pregúntate: ¿Vas a seguir saboteándote con dudas y excusas, o vas a decidir ganar todos los días? Porque la diferencia entre el que se queda atrás y el que domina no está en la suerte ni en el talento. Está en la mentalidad de ejecución.

Construir una mentalidad de ejecución total significa dejar de coquetear con la idea del compromiso y casarte con tus objetivos. Los que logran cosas grandes no tienen un plan B, porque están completamente entregados al plan A. No dudan, no se distraen, no esperan "el momento perfecto". Actúan. La ejecución total implica que ya no te das permiso de postergar. Que cuando te fijas una meta, vas tras ella con enfoque, con orden, con intensidad.

Cada día que ejecutas, ganas fuerza. Cada día que cumples, fortaleces tu carácter. No se trata de hacer magia, se trata de moverte. Y cuando te mueves con consistencia, el éxito deja de ser una posibilidad remota y se convierte en el resultado inevitable de tu disciplina.

RESPONDIENDO A LA CRÍTICA

¿Quieres jugar en grande? Prepárate para que hablen. La crítica no es un obstáculo, es el precio de ser relevante. Si nadie te señala, probablemente no estás haciendo nada importante. Y si cada opinión ajena te tambalea, no necesitas un nuevo plan, necesitas nuevas raíces. Te dejo algunos tips para dejar de temerle a la crítica. Porque cuando dejas de huir del juicio te conviertes en alguien imposible de frenar.

1) Acepta que ser criticado es una señal de que estás avanzando

La única forma de evitar la crítica es no hacer nada, no decir nada y no ser nadie. Y si eso es lo que quieres, adelante, quédate en la sombra. La gente siempre tendrá algo que decir, ya sea que estés triunfando o fallando. La diferencia es que los ganadores entienden que la crítica es una prueba de que están causando impacto. Así que cambia la percepción: cada vez que alguien te critique, velo como una señal de que estás en el camino correcto. Pregunta a cualquier persona exitosa y te dirán lo mismo: si nadie te odia, es porque no estás haciendo ruido.

2) Reprograma tu respuesta a la crítica y actúa de todos modos

La razón por la que el miedo a la crítica te detiene es porque la percibes como una amenaza en lugar de una oportunidad. Tienes que reentrenar tu mente para ver la crítica como algo neutro, o mejor aún, como combustible para mejorar. Cuando alguien te critique, haz esto:

a) Pregunta si hay algo verdadero y útil en la crítica. Si lo hay, úsalo para mejorar.

Siempre supe que entregar valor era la clave de mi negocio. Diseñé mi programa con todo el conocimiento, experiencia y pasión que tenía. Creía que estaba ofreciendo algo increíble, que transformaría vidas. Pero entonces, llegó el golpe: una crítica dura, directa y sin anestesia: "Este programa no vale lo que cuesta. Esperaba más. Me decepcionó."

Leí esas palabras y sentí como si me hubieran dado un puñetazo en el estómago. Mi primer instinto fue defenderme, justificarme, decirme que esa persona no entendía realmente el valor de lo que había recibido. Pero luego me detuve. Porque si reaccionaba con orgullo o me ponía a la defensiva, estaría perdiendo la oportunidad de aprender. Me hice una pregunta que lo cambió todo: ¿Y si tiene razón?

Respiré hondo y decidí analizar cada punto de la crítica con la mente abierta. No desde el ego, sino desde la responsabilidad. Vi los puntos débiles y me di cuenta de que, aunque mi programa era bueno, podía ser excelente. Podía elevarlo aún más. No me paralicé. No me retiré del juego. Decidí mejorar.

Esa misma semana rehíce módulos, agregué contenido extra, optimicé la estructura del programa y mejoré la experiencia de aprendizaje. Envié un mensaje personal a la persona que me criticó: "Gracias. Me has ayudado a ver lo que no podía ver. Te invito a probar la versión mejorada, sin costo. Espero que esta vez supere tus expectativas."

¿Y qué pasó? No solo esa persona se convirtió en una de mis mayores promotoras, sino que el programa, que antes tenía buenos resultados, se convirtió en un referente. Ese día aprendí una lección para toda la vida: la crítica no es el fin, es un espejo. La única pregunta es si tienes el valor de mirarte en él, asumir responsabilidad y elevar tu estándar. Yo lo hice. Y por eso, hoy juego en otra liga.

b) Si es pura negatividad sin fundamento, ignórala por completo.

Pero aquí está la clave: haz lo que ibas a hacer de todos modos. No le des a la crítica el poder de paralizarte. La única forma de eliminar este miedo es a través de la acción consistente. Cada vez que actúas a pesar de la crítica, te das cuenta de que no te destruye, no te define y no te detiene. Y cuando aprendes a moverte sin importar lo que digan los demás, te vuelves imparable.

DERRIBANDO LAS PRINCIPALES EXCUSAS DEL AUTOSABOTAJE

Excusa 1: "No tengo tiempo."

Cuando alguien dice: "No tengo tiempo", lo que realmente está diciendo es: "No estoy dispuesto a priorizar esto." El tiempo no es el problema, su mentalidad sí. Todos tienen las mismas 24 horas, pero mientras algunos las aprovechan al máximo, otros las desperdician en distracciones, excusas y procrastinación. Decir que no tienen tiempo es simplemente una manera elegante de justificar por qué no están tomando acción. No es falta de tiempo, es falta de control sobre su agenda y sus prioridades.

Cómo derribarla:

Las personas exitosas no encuentran tiempo, lo fabrican. Se levantan antes, eliminan lo innecesario, dejan de perderse en distracciones y ejecutan sin esperar "el momento perfecto". Mientras algunos dicen que no tienen tiempo, hay otros con más responsabilidades, más presión y menos recursos, pero siguen avanzando porque han decidido dominar su agenda en lugar de ser víctimas de ella. La diferencia entre el éxito y el estancamiento no es el tiempo, es la manera en que se usa. Si realmente quieren algo, lo harán posible. Si no, seguirán justificando su falta de acción con la misma excusa de siempre.

Excusa 2: "No tengo dinero."

Cuando alguien dice "no tengo dinero", lo que realmente está diciendo es "no estoy dispuesto a encontrar una solución". El dinero no es el problema, su mentalidad sí. No hay persona exitosa que haya comenzado con todos los recursos a su favor. La diferencia es que en lugar de ver la falta de dinero como una excusa, la ven como un desafío que deben superar. No es la falta de dinero lo que los detiene, es su falta de creatividad, iniciativa y compromiso.

Cómo derribarla:

Las personas que ganan no se quedan atrapadas en la idea de lo que no tienen, encuentran formas de conseguirlo. Buscan oportunidades, crean valor, aprenden nuevas habilidades, venden algo, ofrecen un servicio, hacen lo que sea necesario para avanzar. Mientras algunos se quejan de que no tienen dinero, otros con menos recursos están moviéndose, aprendiendo y creando oportunidades. El dinero sigue a quienes toman acción, no a quienes ponen excusas. El problema no es la falta de dinero, el problema es si están dispuestos a hacer lo que haga falta para generarlo. Si realmente quieren algo, encontrarán la manera. Si no, seguirán usando la misma excusa de siempre.

Excusa 3: "No tengo la audiencia suficiente."

Cuando alguien dice "no tengo audiencia suficiente", lo que realmente está diciendo es: "No quiero mostrarme hasta que me aplaudan." Se convence de que hasta que no tenga miles de seguidores, su voz no vale. Se obsesiona con los números, se compara con quienes ya están posicionados y usa eso como excusa para no empezar. El problema no es la falta de audiencia, es la necesidad de validación previa. No entiende que la audiencia no se consigue antes del trabajo, se construye con el trabajo.

Cómo derribarla:

La gente que logra impacto no espera ser vista para hacer las cosas bien. Hace las cosas bien y por eso empieza a ser vista. Si no publicas, no construyes. Si no construyes, nadie te encuentra. Deja de esperar a que el público llegue para tomarte en serio; empieza a tomarte en serio y el público llegará. Los líderes no son reconocidos al principio: son los que aguantan, aportan y persisten hasta que nadie puede ignorarlos. La audiencia es una consecuencia, no una condición.

Excusa 4: "Aún no es el momento correcto."

Quien vive repitiendo "no es el momento correcto" se queda atrapado en un ciclo de espera eterna. Siempre a punto de hacer algo, pero sin dar el paso. Justifica su parálisis con lógica disfrazada, sin admitir que lo que realmente tiene es miedo. Cree que el éxito llegará cuando todo se alinee, pero nunca nada será perfecto. Mientras espera condiciones ideales, otros con menos recursos ya están avanzando. El tiempo pasa, las oportunidades se van, y su vida se llena de "casi lo hice". Los que ganan no esperan el momento correcto: lo crean, lo ejecutan y lo sostienen.

Cómo derribarla:

Primero: reprograma tu mente para ver el costo real de la inacción.

¿Dónde estarías hoy si hubieras empezado hace un año? ¿Cuántas veces más vas a ver a otros avanzar mientras tú sigues paralizado por el "todavía no"? Escribe esto en presente: "Sigo estancado. Las oportunidades pasan. No tengo los resultados que quiero porque me sigo contando la mentira de que el momento perfecto llegará." Léelo todos los días hasta que te duela más quedarte donde estás que arriesgarte a avanzar.

Después, elimina la negociación interna y crea una regla contundente de acción.

El que duda, pierde. Y lo pierde todo: tiempo, confianza, impulso. Si cada decisión importante la sometes a debate interno, nunca ejecutarás. ¿La solución? Mata el debate. Entrena a tu cerebro con una orden clara: 3, 2, 1... acción. Ejecuta primero. La confianza viene después.

EJERCICIO: CONVIERTE EL AUTOSABOTAJE EN PODER

Quiero que observes de qué manera te saboteas y utilices mi receta implacable para convertir el autosabotaje en resultados duraderos.

Paso 1: Identifica tu patrón de autosabotaje

Elige cuál de estos autosabotajes encubiertos reconoces en ti (puede ser más de uno):

- **Tienes grandes ideas, pero nunca las ejecutas**

Ejemplo: "Desperdicio meses planeando un producto y nunca lo lanzo porque no me siento lista."

Cómo se personifica: cuanto más aprende, más se da cuenta de lo que aún no sabe, y eso lo paraliza. Vive en la ilusión de que algún día alcanzará un nivel de conocimiento o confianza que elimine el riesgo de fallar. Pero ese día nunca llega, porque el riesgo nunca desaparece. Mientras sigue perfeccionando, otros con menos preparación ya lanzaron, fallaron, aprendieron y avanzaron.

- **Te importa demasiado la opinión de los demás**

Ejemplo: "Soy excelente para crear contenido que engancha, pero no quiero que mi gente cercana me critique o me llame ridícula. Ya no lo voy a hacer."

Cómo se personifica: filtra cada idea a través del miedo al juicio. Tiene talento, pero se calla. Crea, pero no publica. Tiene miedo de brillar demasiado y ser señalada. Ajusta su autenticidad para encajar. Cree que está protegiéndose, pero en realidad está apagando su voz y su impacto.

- **Tienes miedo de fallar**

Ejemplo: "Mejor invierto mi dinero en algo más seguro, mi idea de negocio seguramente no es tan buena."

Cómo se personifica: vive en la frontera entre el deseo de avanzar y el miedo a fallar, pero nunca cruza la línea. Siempre tiene ideas, pero rara vez las ejecuta. Sueña con nuevos proyectos, pero los abandona antes de empezarlos. No porque no tenga talento, sino porque su mente está programada para enfocarse en lo que podría salir mal en lugar de en lo que podría salir bien.

• **Le tienes miedo al éxito... literalmente**

Ejemplo: "Tengo una idea que podría despegar... pero en el fondo, me da miedo que funcione. ¿Y si después no puedo sostenerlo? ¿Y si me abruma todo lo que viene con crecer?"

Cómo se personifica: quien le teme al éxito se sabotea justo cuando las cosas empiezan a ir bien. Inconscientemente asocia el crecimiento con pérdida de control, más responsabilidad o aislamiento. Empieza a procrastinar, a complicarse con detalles, o incluso a crear conflictos donde no los había. Tiene talento, pero cuando se abre la puerta del potencial, retrocede. No porque no pueda con el éxito, sino porque no se siente merecedor de él o teme convertirse en alguien distinto al avanzar. Así, se queda justo antes del despegue... por miedo a volar.

• **Te repites excusas como: no tengo tiempo, dinero, audiencia o "no es el momento"**

Ejemplo: "Tengo demasiadas cosas en mi día, si emprendo en esto no tendré tiempo para descansar, y para mí el descanso es muy importante", o bien: "Otra gente ya habla de este tema, seguro nadie me va a escuchar."

Cómo se personifica: convierte sus justificaciones en verdades absolutas. No examina si son ciertas, solo las repite. Dice que no tiene tiempo, pero pasa horas en redes. Dice que no tiene dinero, pero nunca analiza cómo generar más. Espera tener "la audiencia suficiente" antes de aportar valor. Vive atrapada en el mito del momento perfecto.

- **Te saboteas por lealtad al pasado:**

Ejemplo: "No quiero dejar a mi socio atrás, somos amigos desde hace años. Pero nuestra visión y metas ya no son las mismas. Así no vamos a crecer."

Cómo se personifica: tiene miedo de crecer y que eso la aleje de la gente que ha estado con ella desde siempre. Se siente culpable por avanzar si otros no lo hacen. Entonces se frena. Prefiere estancarse a incomodar. No quiere parecer "desleal". Pero esa lealtad mal entendida la mantiene atada a una versión vieja de sí misma.

Paso 2: Desenmascara la excusa

Para cada patrón que elegiste, escribe con absoluta honestidad:

- **¿Qué frase usas para justificar tu parálisis?**

Ejemplo: "Necesito prepararme todavía más antes de empezar."

- **¿Qué estás evitando sentir?**

Ejemplo: "Miedo a fallar, vergüenza, juicio, incertidumbre."

Paso 3: Responde como una versión implacable de ti

Ahora, contesta como si fueras tu versión más decidida, esa que ya está en su máximo nivel: ¿Qué diría una persona imparable ante esa excusa?

Ejemplo: "La preparación real sucede en el camino. Lo que necesito no es otro curso, es acción diaria."

- **¿Qué harías hoy si no tuvieras miedo ni excusas?**

Escríbelo. Comprométete. Hazlo.

6

ELEVA TUS ESTÁNDARES O ACEPTA UNA VIDA PROMEDIO

Los estándares personales no son deseos, no son metas, no son sueños. Son las reglas inquebrantables con las que decides llevar tu vida, las líneas que no cruzas, la calidad mínima que toleras en cada área de tu vida. Son la diferencia entre los que juegan a ganar y los que solo juegan a no perder. Si te conformas con lo mínimo, aceptas excusas, y dejas que otros dicten tu ritmo; ese es tu estándar. La realidad es simple: tus resultados en la vida siempre estarán a la altura de los estándares que te exijas. Nada más. Nada menos.

La mayoría de las personas viven sin estándares definidos. Se dejan llevar por la corriente, adaptándose a lo que sea más fácil o conveniente en el momento.

Vivir con estándares bajos significa aceptar menos de lo que se debería en cada aspecto de la vida. Es operar en modo de supervivencia en lugar de en modo de excelencia. Aceptas relaciones donde no te valoran, negocios que no mejoras, equipos sin exigencia y amistades que te drenan. No pones límites por miedo a perder, ni inviertes en crecer porque crees que “ya es suficiente”. Prefieres lo conocido a lo desafiante, incluso si te está apagando. Toleras faltas de respeto, excusas, apatía... y lo llamas "normal". Pero cada vez que aceptas menos de lo que mereces, también te estás diciendo que eso es lo que vales.

La gente con estándares bajos vive bajo la filosofía del "suficiente". Hacen lo mínimo para no fallar, pero nunca lo necesario para sobresalir. Cumplen con lo básico, pero no se exigen. Dicen que quieren éxito, pero solo actúan cuando tienen tiempo o están motivados. Creen que avanzar es hacer lo justo, sin entender que lo suficiente jamás construyó campeones.

Los que ganan no operan así. Si deben hacer 10 llamadas, hacen 20. Si entrenan una hora, se quedan otra media. No porque alguien los vigile, sino porque tienen estándares que no les permiten conformarse. Para ellos, hacer lo suficiente es fracasar.

¿Vas a seguir jugando al promedio o vas a elevar tu estándar como alguien que realmente quiere ganar?

PARA EMPEZAR A ELEVAR TUS ESTÁNDARES

1) Deja de aceptar lo mínimo de ti

Si te permites fallar en lo pequeño, fallarás en lo grande. Así de simple. Pero a veces, el autosabotaje no se ve como un gran error. Se disfraza de excusas pequeñas, de frases cómodas como: "Al menos lo intenté", "hice lo mejor que pude".

No, no hiciste lo mejor que pudiste si sabes, en el fondo, que podías hacerlo mejor.

Si hubieras visto mis primeros webinars, entenderías por qué mi negocio no despegaba. Me conectaba sin preparación, improvisaba la presentación, el fondo era un desastre: ropa colgada en la silla, una pared vacía, mala iluminación. Parecía una videollamada casual, no un negocio profesional. Decía: "Lo importante es el contenido, no cómo me veo." "La audiencia me sigue por mi conocimiento, no por el fondo de pantalla." Mentiras. Mentiras bien disfrazadas que me contaba para justificar mis estándares bajos.

A veces aparecía en sudadera, mal maquillada (una vez me dejé la base como si fuera calabaza de Halloween), con el pelo recogido de cualquier forma. No porque no me importara, sino porque no había entendido algo fundamental: tu imagen, tu presencia, tu ejecución en los detalles... todo eso comunica tus estándares. Si yo no podía siquiera arreglarme para mi audiencia, ¿cómo iba a inspirar respeto, autoridad, confianza? ¿Cómo pretendía vender si ni siquiera parecía que yo creía en lo que estaba haciendo?

El punto de quiebre llegó el día que vi la grabación de uno de mis webinars. Me dolió. No solo por lo que vi, sino porque por primera vez lo asumí con honestidad brutal: no estaba dando lo mejor de mí. Parecía amateur. No me gustó lo que vi... y eso fue lo mejor que me pudo haber pasado.

Ese día tomé una decisión: mis estándares no iban a seguir siendo opcionales. Iba a dejar de operar como alguien que improvisa y empezar a operar como alguien que gana.

El siguiente webinar fue otro mundo. Me vestí como la líder implacable que quería ser. Preparé mi espacio con intención. Estudié una estructura de alto impacto. Practiqué mi discurso. Me conecté no para "ver cómo salía", sino para dominarlo. Y no solo lo sentí yo: la audiencia también lo notó. Más interacción, más retención, más ventas. Mi producto era el mismo. Lo que cambió fue el nivel en el que yo me estaba presentando.

Esa es la lección: tu éxito nunca va a subir por encima del nivel de tus estándares. Si quieres resultados de alto nivel, compórtate al nivel. Si quieres jugar en las grandes ligas, deja de operar como si tu negocio fuera un experimento. Porque cuando te exiges más, el mundo también empieza a exigirse más contigo. Y entonces todo cambia.

2) Define tus reglas como si tu vida dependiera de ellas

Porque en cierto sentido, así es. Escribe tus estándares y comprométete con ellos como un contrato que no puede romperse. No dejes espacio para negociar contigo mismo.

Te comparto mi lista de estándares inquebrantables:

1. Imagen y presencia
Me arreglaba como si fuera a una reunión importante, no solo "para salir del paso".

Mejore mi postura, tono de voz y lenguaje corporal para proyectar autoridad.

Me aseguré de que mi fondo fuera limpio, profesional y sin distracciones.

Invertí en buena iluminación y una cámara de calidad para dar una imagen impecable.

2. Preparación
Empecé a practicar ser más elocuente, me quite muletillas y pulí mi vocabulario

Contraté a alguien que diseñara mis diapositivas de alto nivel que reforzaban mi mensaje.

Investigue técnicas para captar la atención de mi audiencia y mantenerla comprometida. Me puse KPIS de retención agresivos.

3. Entrega de valor
Me enfoque en ofrecer contenido poderoso, claro y estructurado.

Eleve la energía en mi presentación para mantener a la audiencia enganchada.

Me aseguré de responder preguntas con precisión y seguridad.

Aterricé historias y ejemplos que hacían mis enseñanzas más impactantes y fáciles de entender.

Haz que tus acciones reflejen esos estándares todos los días. No se trata de lo que dices que quieres, se trata de lo que toleras y exiges de ti en cada momento. Si te das permiso para rendirte, lo harás. Si te das permiso para buscar excusas, las encontrarás. Pero si te obligas a operar a un nivel superior, pronto te darás cuenta de que no eres como los demás. Eres de los pocos que deciden, cada día, jugar en otro nivel.

Elevar tus estándares no significa hacer cambios drásticos de la noche a la mañana. Significa hacer pequeños ajustes que, con el tiempo, se convierten en la norma. Si hoy tu estándar es entrenar cuando tienes tiempo, hazlo una prioridad inquebrantable. La calidad de tu vida está determinada por lo que toleras de los demás y lo que te exiges. Así que hazte una pregunta: ¿Estoy operando en el nivel más alto posible, o estoy negociando con mi propio potencial?

DISCIPLINA, ESTÁNDARES Y LIDERAZGO

El liderazgo no es para todos. No se trata de motivar con frases bonitas, ni de caerle bien a todo el mundo. Esto no se trata de caerle bien a todos. Se trata de ejecutar sin titubear, liderar sin pedir permiso y exigir excelencia. A eso le llamo liderazgo implacable. Un líder implacable es el que sostiene la visión aun cuando nadie más cree en ella, el que hace lo que debe hacer incluso cuando no tiene ganas, y el que exige primero de sí mismo lo que luego exige a los demás. Todo eso nace de una sola fuente: disciplina radical, sostenida en el tiempo.

Este tipo de liderazgo se construye con ingredientes que no se negocian: estándares altos que no bajan para complacer al promedio; ética de trabajo que no descansa cuando el resto se conforma, y disciplina, que se mantiene firme aún en medio del cansancio, la duda o la crítica. Un líder implacable no lidera desde el título, sino desde el ejemplo. No habla de compromiso, lo encarna. Y cuando llega a un lugar, su sola presencia eleva el nivel de todos los que están ahí.

Lo que la mayoría llama liderazgo es, en realidad, carisma mal entendido. Creen que liderar es tener muchos seguidores, hablar bonito en redes sociales o ser admirado por la multitud. Pero el liderazgo real no tiene que ver con ser seguido, sino con provocar transformación. Un verdadero líder no impresiona, impacta. No busca aprobación, exige transformación. No se mide por likes, se mide por los resultados que genera y por la forma en que eleva a quienes lo rodean. Porque al final, no lideras por lo que dices, sino por lo que transformas.

Los errores más comunes que comete quien quiere liderar sin estar preparado son: poner el ejemplo cuando le conviene, evitar la confrontación para no incomodar, y tratar de motivar sin tener estructura. Creen que pueden guiar sin haber pasado por el fuego.

Un liderazgo implacable no es para cualquiera, porque requiere un nivel de estándares que la mayoría no está dispuesta a sostener. No puedes exigir si tú mismo no practicas todos los días. Un líder con estándares bajos quiere que su equipo llegue puntual, pero él se da el lujo de aparecer tarde. Quiere que su equipo ejecute con precisión, pero él no está presente. La gente no sigue lo que dices, sigue lo que haces. Si tu estándar es bajo, tu equipo reflejará exactamente eso.

Convertirte en un líder implacable empieza por entender que la disciplina no es opcional, es la base. No puedes liderar a otros si no puedes liderarte a ti. Eso significa cumplir tus propias promesas cuando nadie te está viendo, hacer lo que dijiste que harías aunque no tengas ganas (hemos hablado ya mucho de esto), y sostener el enfoque incluso cuando todo a tu alrededor busca distraerte. La disciplina no es motivación: es decisión. Y esa decisión, repetida cada día, es lo que te empieza a separar del promedio.

El siguiente paso es elevar tus estándares personales y sostenerlos con disciplina, no con emociones. ¿Quieres que tu equipo dé más? Da más tú primero. ¿Quieres que otros actúen con excelencia? Muestra excelencia tú, incluso en los pequeños detalles. La disciplina te convierte en un ejemplo constante, y ese ejemplo es más poderoso que cualquier discurso. Un líder implacable no necesita gritar para ser escuchado, su nivel habla por él. Y su nivel no se construye con talento, se construye con práctica disciplinada.

Por último, debes usar la disciplina para volverte inquebrantable en momentos de presión.

La primera vez que llevé mi seminario "Conquista tu Destino" a Miami, todo lo que podía salir mal... salió mal. Desde el inicio, el reto fue mayor de lo que imaginé. El proceso legal de mi visa de trabajo se complicó tanto, que terminé encerrada sin salir de Estados Unidos por tres semanas. Tuve que reprogramar toda mi agenda, mover entrenamientos, postergar reuniones clave y pivotear de forma radical sobre la marcha. Era frustrante. Todo el plan que llevaba meses construyendo se hizo pedazos en cuestión de minutos.

Y justo cuando parecía que ya no podía complicarse más, los boletos a mi seminario no se vendían. Faltaban 10 días y yo estaba al 15% de la capacidad. Para colmo, yo había promocionado este evento con el alma. Lo había comunicado con tanta fuerza podcast tras podcast, medio tras medio, con tanta ilusión, que incluso grandes personalidades habían confirmado su asistencia. Solo pensar en la posibilidad de hacer el ridículo con un evento vacío me hacía un peso en el estómago y ni decirte de los cientos de miles de dólares que —hasta ese momento— estaba perdiendo. El equipo empezó a perder energía, algunos líderes se desmotivaron, y otros incluso mostraban señales de inestabilidad emocional. Era como estar en medio de una tormenta, y todas las miradas estaban puestas en mí.

Pero ahí fue donde entendí que no podía darme el lujo de colapsar. En ese momento, la disciplina que había cultivado durante años fue mi ancla. Me mantuve fría. Serena. Firme. Aunque por dentro también sentía miedo y presión, por fuera era una roca. Y esa firmeza fue la que sostuvo al equipo.

Nunca levanté la voz, nunca titubeé. Multiplique mis esfuerzos x10. Reajustamos estrategias, optimizamos el mensaje, activamos campañas, nos movimos con fuerza. Y al final, lo logramos. Ese evento no solo se salvó, sino que terminó siendo el evento presencial más exitoso de toda mi carrera. ¿La clave? No fue magia. No fue suerte. Fue disciplina emocional para aguantar la presión, la incertidumbre. Fue entrenar mi mente para no reaccionar, para liderar desde la visión y no desde el caos. Y esa, para mí, es la esencia del liderazgo implacable.

Cuando otros se rinden, tú avanzas. Cuando el caos aparece, tú te mantienes firme. Esa estabilidad es lo que hace que otros confíen en ti.

NUGGET DE PODER

Un líder implacable no se forma en días buenos, se revela en medio de la adversidad.

Lo único que te mantiene firme cuando todo parece tambalear es la disciplina que ya has entrenado. No es glamorosa. No es fácil. Pero es el arma más poderosa que un líder puede tener.

Un líder implacable no nace cuando todo va bien, cuando el camino es claro y todos aplauden. Eso lo hace cualquiera. Un verdadero líder se revela cuando el caos golpea, cuando las cosas se derrumban, cuando nadie sabe qué hacer y todos miran a alguien que no puede dudar. Es en ese momento —cuando sientes presión, miedo, cansancio y todo dentro de ti quiere escapar— donde te forjas o te rompes. En los días buenos, cualquiera puede actuar como líder. Pero en los días oscuros, sólo los implacables se mantienen de pie. Porque la adversidad no te destruye: te expone. Y lo que revela... es si realmente estás hecho para liderar o solo jugabas a parecerlo.

7

LÍMITES: LA DISCIPLINA QUE DICE NO

Los límites no son muros que te encierran, son muros que te protegen. Son decisiones conscientes que separan lo que permites de lo que no. Los límites no son una barrera, son un filtro. Son el estándar que tú marcas para que el mundo sepa cómo tratarte, cómo hablarte, hasta dónde puede llegar contigo. Los límites no son debilidad, son fuerza en su forma más pura. Son la declaración silenciosa de que tú estás al mando de tu vida. No son una opción... son un requisito si quieres jugar en grande. Porque sin límites, cualquiera puede entrar a tu mente, a tu tiempo, a tu energía. Y cuando todos tienen acceso a ti, te quedas sin espacio para ti mismo.

Pero la mayoría tiene una idea equivocada: creen que poner límites es ser egoísta, frío o poco empático. Les enseñaron que decir "sí" a todo es ser buena persona, que complacer es amar, que ceder es noble. Mentira. Eso no es amor, es abandono propio. La gente le teme a los límites porque los confunde con rechazo, cuando en realidad son un acto de respeto y poder personal. ¿Quieres ser implacable? Aprende a decir NO con firmeza y a sostenerlo sin culpa. Porque un verdadero líder no vive para ser aceptado... vive para ser respetado.

LOS 3 LÍMITES DE PODER

Hay tres áreas donde la mayoría de las personas fracasa al poner límites, y ese fracaso les pasa factura todos los días. No por falta de tiempo, talento o capacidad, sino por falta de claridad, disciplina y coraje para decir: "Ya no voy a permitir esto." Porque si tú no marcas tus límites, el mundo lo hará por ti... y créeme, lo hará en tu contra.

1. Tiempo y energía personal

Aquí es donde más gente se sabotea. Regalan su agenda para complacer a todos menos a ellos mismos. Dicen "sí" a lo que no quieren hacer. Dejan sus prioridades para después... y luego se preguntan por qué están agotados, frustrados y estancados. El tiempo no se pierde, se entrega. Y cuando no tienes límites con él, también estás entregando tu enfoque, tu energía y tu poder.

La razón por la que no ponen límites en esta área es simple: les da miedo. Creen que estar disponibles para todos es sinónimo de ser excelentes seres humanos. Pero la realidad es que ser accesible todo el tiempo es ser esclavo de los demás. Un verdadero líder no deja su agenda en manos del caos o de la urgencia de otros. Si tú no proteges tu tiempo, nadie lo hará.

2. Relaciones personales: familia, pareja, amigos

Aquí los límites se diluyen porque la culpa entra en escena. Confunden amor con sacrificio absoluto; aceptación con sumisión. Se traicionan para no incomodar. Mantienen vínculos que los drenan solo por miedo a quedarse solos. Pero si una relación necesita que te apagues para funcionar, eso no es amor. Es dependencia. Es cadena. Y un líder no puede liderar desde la culpa ni desde la debilidad emocional.

El problema es que esta sociedad aplaude poner las necesidades de los demás por encima de las nuestras y lo llaman ser "servicial". Motiva el tolerar faltas de respeto porque "es familia". Ceder todo en una relación para demostrar "amor". Eso no es servicio ni mucho menos amor, eso es abandono personal. Si no sabes decir "basta" en tus relaciones, siempre serás manipulado.

Mira al que siempre está resolviendo los problemas de todos, pero nunca avanza en su propia vida. El que se llena de resentimiento por dentro, pero por fuera sonríe para evitar el conflicto. O el que no pone límites a su pareja, y termina perdiendo su identidad solo para sostener una relación. El precio de no poner límites en lo personal es alto: tu poder, tu enfoque y tu autenticidad.

3. Dinero y negocios

No ponen límites con sus precios, sus clientes ni sus horarios. Trabajan más por menos. Aceptan malos tratos "porque necesitan cerrar". Dicen que quieren un negocio exitoso, pero construyen uno que ni siquiera respetan. ¿La raíz? Miedo. Miedo a perder, a no gustar, a no ser suficiente. Pero déjame ser clara: si tú no respetas tu trabajo, tu tiempo ni tu valor, nadie más lo hará. Un líder implacable no solo sabe lo que vale: lo defiende sin disculparse.

Muchos emprendedores caen en la trampa de decir "sí" a todo por miedo a perder oportunidades. Aceptan clientes que los desgastan, ajustan precios al capricho del mercado, y terminan trabajando con estrés y resentimiento. No se dan cuenta de que cada vez que ceden por miedo, su marca pierde fuerza. Su liderazgo se diluye. El respeto se gana defendiendo tu estándar, no rebajándolo.

Pongamos algunos ejemplos muy claros: el profesional que no cobra lo que vale por miedo a que le digan "caro". El coach que trabaja fuera de horario porque el cliente "solo puede ese día". El dueño de negocio que no pone límites y termina siendo empleado de su propia empresa. Si tú no lideras tus negocios con autoridad, tu negocio terminará liderándote a ti... y no con respeto, sino con agotamiento.

Y aquí está el punto central: poner límites no te vuelve egoísta, te vuelve libre. No se trata de rechazar a otros, se trata de dejar de rechazarte a ti. Cada vez que permites lo que sabes que no quieres, estás negociando tu grandeza. Cada vez que aguantas algo por miedo a incomodar, estás frenando tu avance. Los implacables no toleran lo que está por debajo de su visión. Y si quieres llegar lejos, no solo necesitas talento y acción: necesitas tener el valor de decir "aquí no", "esto no lo acepto", "hasta aquí llegó".

NO: LA FRASE MÁS PODEROSA PARA PONER LÍMITES

Es la declaración más firme de que sabes quién eres, qué quieres y qué no estás dispuesto a negociar. Pero la mayoría le tiene miedo a esa palabra porque la aprendió como un rechazo, no como una afirmación de poder. Creen que decir "no" es egoísta, cuando en realidad es la forma más clara de respeto hacia uno mismo. No es rebeldía ni frialdad. Es dirección.

Y la disciplina es lo que te permite sostener ese "no" sin culpa ni duda. Cuando tienes claridad de tus prioridades y entrenas tu mente para operar desde estructura, decir "no" deja de ser un conflicto emocional: se vuelve una decisión estratégica. No dices "no" por capricho; lo dices porque tienes una misión más grande. Porque cada vez que te eliges, estás protegiendo tu energía, tu enfoque y tu estándar.

Un "no" disciplinado no te limita, te libera. No cierra puertas: abre el camino correcto. ¿Cómo se entrena esto? Empieza pequeño. Di "no" a lo que sabes que interrumpe tu enfoque, a compromisos sociales que no te aportan. Di "no" a la necesidad de justificar cada decisión. La gente disciplinada no explica demasiado, actúa con convicción. Practica decir "no" con respeto y con firmeza. Verás cómo tu entorno empieza a adaptarse. Porque cuando tú elevas tu estándar, el mundo empieza a tratarte distinto.

Y si digo que decir "no" también te libera es porque debemos quitarle a esa sencilla palabra su connotación negativa. En mi caso "no" es claridad y contundencia cuando quieren presionarme, obligarme a algo que no me gusta o invadir mi espacio. Así que si empleo como respuesta el "no" a lo que me incomoda o limita, mis convicciones se mantienen intactas

EJERCICIO: LÍMITES DE PODER NO NEGOCIABLES

Toma papel y lápiz. No lo pienses mucho. Escribe desde la verdad más profunda:

1. ¿Dónde estás permitiendo que te roben tiempo y energía?
2. ¿Con qué personas necesitas poner límites que has estado evitando?
3. ¿Qué estás tolerando en tu negocio que no refleja tu verdadero valor?
4. ¿Qué vas a dejar de permitir… desde hoy?

Ahora, escribe una lista de tus nuevos límites de poder no negociables.

Léela cada mañana durante los próximos 7 días. Escríbela con fuerza. Que no suene como una petición. Que suene como una decisión. Porque en el momento que marcas tus límites con firmeza, el mundo empieza a tratarte como alguien que no está disponible a libre demanda.

8

LA DISCIPLINA EN LAS RELACIONES: DEJA DE PERDERTE EN EL OTRO

Cuando pensamos en disciplina, solemos imaginarla en el contexto del cuerpo, del trabajo, del dinero. Casi nadie la asocia con la forma en que nos relacionamos. Se habla de amor incondicional. De primero servicio. De empatía, humanidad y conexión. Y aunque todo eso es valioso, también es incompleto. Porque si tú no tienes disciplina emocional, si no sabes dónde termina tu energía y dónde empieza la del otro, si no sabes proteger tus límites ni sostener tu estándar, tus relaciones terminan controlándote.

En el mundo del emprendimiento y el liderazgo, esto se vuelve aún más evidente. Nos repiten que un buen equipo se construye con motivación. Que hay que ser un líder amoroso, que inspire y contenga. Que el cliente siempre tiene la razón. Pero lo que nadie dice es que esa narrativa, cuando no se acompaña de estructura, se convierte en un camino directo al desgaste. A la sobreadaptación. A sostener vínculos desde el miedo a incomodar, en lugar de tenerlos desde la claridad de tu visión.

Este capítulo no es sobre cómo ser más amable. Es sobre cómo dejar de colapsar por miedo a perder gente. Sobre cómo dejar de vender tu paz por mantener una relación. Sobre cómo usar la disciplina para construir vínculos sólidos, respetuosos y sostenibles. Vínculos donde tú puedas estar completa. Vínculos donde tu energía no sea sacrificada para mantener contentos a los demás.

Aquí no vas a encontrar frases dulces sobre poner al otro primero. Aquí vas a encontrar una verdad incómoda: sin disciplina, tus relaciones te drenan. Con disciplina, tus relaciones te expanden.

Por eso, en este capítulo vamos a explorar cómo se ve la disciplina en tres dimensiones relacionales distintas:

- **Relaciones personales** (pareja, familia, vínculos emocionales)
- **Relaciones profesionales** (equipo, jefes, clientes, liderazgo)
- **Relaciones sociales** (círculo extendido, amistades, entorno)

Porque no se trata de controlar a los demás. Se trata de aprender a sostenerte tú. No se trata de evitar conflictos. Se trata de aprender a responder con claridad. No se trata de tener relaciones perfectas. Se trata de tener relaciones en las que tú no desaparezcas. Y para eso, necesitas disciplina en tus relaciones.

Porque sí: hay una parte de ti que sabe marcar límites sin culpa, que sabe decir no sin pelear, y sabe construir relaciones con respeto mutuo, sin perderse a sí misma. Esa parte de ti no se logra con motivación. Se entrena con disciplina.

1. RELACIONES PERSONALES: DISCIPLINA EMOCIONAL PARA NO PERDERTE EN EL VÍNCULO

Vivimos en una cultura que glorifica el amor incondicional, la familia por encima de todo, el estar disponible para quien te necesite. Nos enseñaron que una buena amiga escucha, aunque esté drenada. Que una buena hija siempre responde. Que una buena pareja aguanta. ¿Y qué pasa cuando esas creencias no vienen acompañadas de estructura interna? Pues tu energía se empieza a ir a vínculos que ya no te nutren. Te diluyes en nombre del amor. Te pierdes a ti por querer sostener a otros.

Nadie te enseña que también se necesita disciplina para decirle a tu tía que no puedes recibir visitas sorpresa. Para decir que no vas a prestar dinero otra vez. Para dejar de permitir que alguien use tu tiempo, tu casa o tu energía como si fueran suyas. Y esto no es falta de amor. Esto es amor con estructura. Es dejar de ser la persona disponible para todo y para todos, solo para terminar vacía al final del día.

También necesitas disciplina para dejar de escuchar el mismo drama emocional 50 veces. Esa amiga que te busca solo cuando necesita vaciarse. Ese familiar que te manipula desde la culpa. Esa relación donde todo gira en torno a la necesidad del otro y tú solo estás ahí para sostener. Tú no estás aquí para hacerle el trabajo emocional a nadie. Tú no eres terapeuta de quien no quiere cambiar. No eres terapeuta, punto. Y ahí es donde entra la disciplina: en tu calendario, en tu lenguaje, en tus espacios.

Disciplina es saber decir: "Este tiempo es mío." "Este límite es mío." "Este sí lo elijo. Este no lo negocio." Porque la verdadera libertad emocional no viene de ser buena persona para todos. Viene de ser congruente contigo. Viene de respetarte a ti antes que agradar a otros. Y eso se entrena. Se entrena cada vez que eliges no responder, no explicar, no justificar. Se entrena cada vez que priorizas tu centro sobre la comodidad ajena. Se entrena cuando decides que tu energía no es moneda para comprar cariño.

También se necesita disciplina para proteger tus sueños, tus metas y tu individualidad dentro de una relación. Porque uno de los errores más comunes que veo, sobre todo en mujeres, es que al entrar en una relación empiezan a soltar sus disciplinas, su ritmo, sus hábitos. Todo por "acomodarse" a la dinámica de pareja. Y el problema no es amar. El problema es amar sin estructura. Amar desde la renuncia, no desde la integración.

Hoy en día se romantiza mucho la pareja como fusión total: comparten todo, hacen todo juntos, piensan igual. Pero el verdadero amor no se mide por cuánto se fusionan, sino por cuánto pueden sostenerse sin perder su independencia. Tu pareja no es excusa para dejar de entrenar, dejar de trabajar en ti, dejar de crecer. No estás aquí para adaptarte a los tiempos, ritmos o visiones de otra persona. Estás aquí para proteger tu visión y compartirla, si se alinea.

La disciplina emocional en pareja también es eso: la capacidad de decir "te amo, pero mi visión no se negocia", "te valoro, pero este espacio es mío", "quiero construir contigo, pero no a costa de lo que estoy construyendo en mí".

Porque si tú abandonas tu camino por estar en pareja, no estás eligiendo amor. Estás eligiendo desaparecerte de ti. No es amor. Es adicción emocional. Y la disciplina te permite ver con claridad. Te permite irte no cuando ya no hay emociones, sino cuando ya no hay respeto. Te permite amar sin confundirte. Porque tú no estás aquí para mendigar atención, validar heridas ajenas o vivir desde la carencia. Estás aquí para amar con fuerza. Y esa fuerza no viene del aguante. Viene de tu estructura interna. Viene de tu estándar. Viene de tu disciplina.

También es importante hablar de una realidad que no se nombra lo suficiente: cuando hay una figura masculina con dinero, visión y poder, muchas mujeres entran en la relación creyendo que tienen que adaptarse a él para ser una buena pareja.

Muchas se adaptan por completo a su esposo, otras no necesariamente abandonan sus sueños o sus rutinas, pero ahora todo en su vida empieza a girar alrededor de él. Se van de viaje cuando él puede. Agendan sus entrenamientos cuando él no está. Ajustan sus prioridades para no incomodar su agenda. Y así, poco a poco, su proyecto personal empieza a debilitarse, su voz se va haciendo más baja, y su independencia se convierte en un adorno que cuelga de la idea de "soy emprendedora"... pero sin estructura, sin foco, sin crecimiento real.

Esto pasa incluso en mujeres con visión. Mujeres con ambición. Mujeres que no son débiles ni sumisas, pero que se pierden en el poder del hombre con el que están. No lo hacen por debilidad, lo hacen por "amor y apoyo". Pero ese amor, sin disciplina, termina costándoles su nombre. Su identidad. Su fuego. Y poco a poco, sin darse cuenta, dejan de ser ellas. Ya no son su nombre. Son "la esposa de".

La disciplina, en una relación de pareja, es lo que te permite seguir siendo tú, incluso en el contexto de un amor grande. Es lo que te permite estar con alguien poderoso sin sentir que tienes que adaptar tu vida a él. Es lo que te permite proteger tu visión, tus ritmos y tu tiempo.

La disciplina en tus vínculos personales no se trata de ponerle muros al amor. Se trata de construir bordes firmes donde puedas relacionarte sin traicionarte. Porque tú no estás aquí para convertirte en la sombra de alguien más. Estás aquí para sostener tu nombre, tu tiempo, tu fuego. Y eso requiere una mujer que ya no busca agradar. Una mujer que se ha entrenado para sostener su espacio... incluso en los vínculos más intensos.

2. RELACIONES PROFESIONALES: DISCIPLINA EN TU LIDERAZGO Y EN TUS LÍMITES

La mayoría de las personas piensan que construir relaciones profesionales se trata de caer bien, de ser accesible, de "construir familia" dentro de la empresa. Creen que la armonía genera productividad. Error. La armonía no es la causa, es la consecuencia de la disciplina. Y cuando se trata de relaciones profesionales, algo que aprendí a la mala, es que no estás aquí para tener un grupo de amigas; estás aquí para gobernar, ejecutar y escalar. Este pilar duele porque te va a quitar la venda de los ojos: no siempre necesitas ser querido para ser un gran líder. Necesitas ser respetado.

La disciplina en las relaciones profesionales te permite no apagar incendios todo el día. También dar órdenes sin gritar. Corregir sin justificarte. Terminar relaciones con respeto. Sostener conversaciones incómodas. Y proteger tu energía mientras construyes un negocio que no dependa de tu estado de ánimo.

LA DISCIPLINA EN TU LIDERAZGO

Ya hablamos de liderazgo, pero es justo recordar que tu liderazgo no se trata de cuántas personas te quieren. Se trata de cuántas sostienen el estándar cuando tú no estás. Un líder que toma decisiones con base en cómo se sienten los demás no está liderando, está mendigando validación. La empatía sin dirección solo genera caos. La flexibilidad sin estructura termina traicionando la visión. Si cada vez que alguien del equipo se incomoda tú replanteas la estrategia, estás cultivando debilidad. Si cada vez que alguien se estresa tú cambias la dirección, estás formando soldados de papel. El liderazgo real no nace de las emociones. Nace del compromiso con lo que dijiste que ibas a construir, incluso cuando eso te haga quedar como la mala.

Tu trabajo no es estar disponible para todos. Es estar disponible para la visión. Un líder que responde todos los mensajes, que está en todos los grupos, que resuelve todos los problemas, no es un líder funcional: es un cuello de botella glorificado. Tu equipo no necesita acceso a ti. Necesita acceso a un sistema que funcione. Y si tú no lo has diseñado, eres el problema. Porque el liderazgo no se mide por presencia constante, sino por la capacidad de crear dirección sin dependencia. La grandeza no se delega por WhatsApp. Se construye con estructuras que entrenan, sistemas que piensan y personas que ejecutan aunque tú estés en silencio.

Liderar no es cargar con todo. Es sostener lo esencial y soltar lo que otros pueden ejecutar mejor que tú. El líder que no sabe soltar es el que vive apagando fuegos en lugar de construir de manera consistente. Si tú eres indispensable para que todo funcione, no eres poderosa: estás atrapada. Un negocio disciplinado no depende de un salvador. Depende de un liderazgo que estructura, delega y escala. Tu presencia debe ser un lujo, no una muleta.

Y si hablamos de humanidad, entendamos algo: poner al equipo por encima del negocio no es humano, es inmaduro. Porque cuando el negocio cae, caen todos. Sostener a alguien por pena, tolerar bajo rendimiento por compasión mal enfocada, perdonar irresponsabilidades porque "están pasando por algo", no es liderazgo. Es traición a los que sí están dando la talla. Es sabotaje disfrazado de corazón. La verdadera humanidad es formar carácter. Y formar carácter implica decir verdades incómodas, tomar decisiones difíciles, y sostenerlas, aunque duelan.

LA DISCIPLINA CON TU EQUIPO

Seguro en algún momento te han dicho que un equipo motivado es un equipo que rinde. Mentira. Un equipo disciplinado es el que rinde. La motivación es un privilegio. La disciplina es una obligación. No puedes construir una cultura sobre discursos. La construyes con consecuencias. Si cada vez que el equipo está desanimado tú bajas la exigencia, entonces no estás formando profesionales: estás criando niños grandes. Si celebras más de lo que corriges, si perdonas más de lo que evalúas, si decoras más de lo que estructuras, entonces no tienes una cultura: tienes una fiesta.

La confianza no se regala. Se gana. Y el compromiso no se espera: se exige. Cuando tú promueves sin resultados, cuando das bonos por lealtad en lugar de méritos, cuando toleras actitudes flojas porque "son buena onda", estás destruyendo la cultura. La lealtad verdadera no se premia con condescendencia, se honra con exigencia. Si alguien te es leal, lo mínimo que puedes hacer es no dejarlo estancado. Y no lo elevas diciéndole que todo está bien. Lo elevas mostrándole que puede ser mejor.

Un equipo de alto rendimiento no necesita que le des ánimo todo el tiempo. Necesita que le des dirección. No necesita que le aplaudas cada paso. Necesita saber que cada paso tiene un propósito. La disciplina en tu equipo no se trata de castigar, se trata de cultivar un estándar que se convierte en orgullo interno. Es más poderoso cuando alguien dice: "Aquí no se permite menos", que cuando dice: "Aquí siempre nos apoyamos". El apoyo sin exigencia es caricia que estanca.

No puedes construir algo grande si estás emocionalmente secuestrada por tu equipo. Muchos dueños de negocio se vuelven dependientes de una sola persona clave. "Ella es la única que sabe cómo hacerlo", "si se va, no sé qué haré", "yo no puedo sin ella". Esa dependencia emocional no es lealtad. Es fragilidad. Si una sola persona puede colapsar tu operación, no tienes un sistema: tienes un riesgo.

La disciplina con tu equipo se demuestra en tu capacidad de estructurar procesos que sobrevivan a la rotación. Y en tu capacidad de poner límites cuando alguien baja su estándar.

Cuando un equipo siente que puede "sobrevivir" sin cumplir, cuando sabe que no pasa nada si no entrega, si no responde, si llega tarde... entonces no hay liderazgo. Hay caos emocional decorado de buena voluntad.

Y ojo con el romanticismo de la "buena vibra". La buena vibra no llena un estado de resultados. Una cultura que se siente bonita, pero no entrega resultados, es un grupo de autoayuda. No se trata de que todos se caigan bien. Se trata de que todos caminen hacia el mismo lugar, al mismo ritmo, con el mismo estándar. La verdadera cultura no evita la fricción. La atraviesa con elegancia. Porque el respeto no se cultiva con palmaditas, se gana ejecutando al nivel que la visión exige. Y cuando alguien no está al nivel, se dice. Y se actúa.

¿A qué persona en tu equipo estás sosteniendo desde la necesidad y no desde el resultado? ¿Qué proceso te urge documentar para que nadie sea indispensable?

DISCIPLINA CON TUS CLIENTES

El mito más tóxico que puedes creer como emprendedor o líder: el cliente siempre tiene la razón. No. El cliente tiene una necesidad. Y tú tienes un sistema. Si cada vez que alguien se queja tú te doblas, estás entrenando a tus clientes a manipularte. Si cambias tus procesos por un solo comentario, estás regalando tu autoridad. Y cuando tu autoridad cae, tu negocio empieza a morir. No estás aquí para complacer. Estás aquí para guiar. Y guiar a veces implica decir: "No. Así no se hace aquí."

La disciplina con los clientes también implica que tú eduques al mercado. Que tu comunidad sepa cómo moverse dentro de tus reglas. Que tu método tenga estructura, claridad y límites. Porque si no hay estructura, no hay respeto. Y si no hay respeto, no hay transformación. Un cliente que rompe las reglas no es empoderado: es un cliente perdido. Y si tú lo permites, tú también estás perdido. Los mejores clientes no son los más cómodos. Son los que aceptan el sistema, confían en él y se transforman dentro de él.

Tampoco es cierto que dar más de lo que prometes siempre es mejor. Más veces es confuso, desgastante y contraproducente. La sobre entrega que no está alineada a la estrategia termina desvalorizando tu oferta. No se trata de apantallar. Se trata de cumplir con excelencia. De prometer con precisión y entregar con contundencia. Dar más solo funciona si ese "más" está estructurado, medido y sirve al largo plazo. El exceso no impresiona: agota.

Y por último, esa idea romántica de que si el cliente está feliz, el negocio está bien. Falso. Puedes tener clientes felices y estar quebrándote por dentro. Puedes tener un producto que aman, pero que no escala. Puedes estar dando resultados, pero hipotecando tu salud, tu equipo o tu tiempo. La felicidad del cliente es un dato, no un destino. Lo que hace sostenible un negocio no es cuántos aplauden. Es cuántos regresan porque saben que en tu sistema se transformaron. Y esos no regresan porque los complaciste. Regresan porque los retaste.

Yo no siempre fui la mujer que escribe este libro. Cuando empecé a emprender, era exactamente lo opuesto a lo que hoy defiendo: abierta, accesible, maternal con mi equipo, amorosa con mis clientes, blanda con mi liderazgo. Confundía compasión con dirección, confundía armonía con eficacia. Me enamoraba de la gente por sus ganas, no por su nivel. Y un día, casi sin darme cuenta, tenía una empresa que facturaba 6 millones de dólares... pero sin una sola persona capaz de liderar. Recuerdo cuando contraté a una consultora para evaluar a mi equipo. Trajeron perfiles psicológicos, dinámicas, entrevistas. El veredicto fue brutal: "Coral, no tienes un solo líder. Eres la única que sostiene todo esto." Me sentí devastada, pero también aliviada. Por fin entendía por qué vivía frustrada, por qué me desgastaba operando todo, por qué contrataba consultores carísimos esperando que arreglaran lo que yo no sabía estructurar.

Tenía un equipo lleno de gente leal, buena, con corazón... pero no con nivel. Porque yo valoraba tanto la lealtad, que confundí buena intención con capacidad. Y como líder, eso es mi responsabilidad, no la de ellos. Aprendí a cortar. Aprendí a correr a quien no sostenía. Aprendí a hacerlo incluso en medio de lanzamientos. Y lo más doloroso fue ver que yo misma, por no saber ejercer la disciplina en mis relaciones, había abierto espacio a personas que —aparentaban talento en la superficie— y eran emocionalmente inestables, energéticamente caóticas y profundamente incoherentes con la cultura que yo quería construir.

Aprendí a cortar. Sí. Aprendí a despedir, incluso si había afecto. Incluso si había historia. Incluso si había entregas puntuales. Porque entendí que si alguien amenaza la cultura, no importa cuánto produce. Si alguien desestabiliza al equipo, no importa qué tan talentoso sea. Si alguien erosiona los valores con su ejemplo, no puede estar. Punto. Y entendí también que correr a alguien no es sinónimo de dureza. Es sinónimo de respeto por lo que estás construyendo. Hoy, la estructura que ves en mi empresa no es suerte. Es consecuencia. Es el fruto de decisiones incómodas, de silencios elegantes y de cortes limpios que protegieron el núcleo.

Por eso este capítulo es más que teoría. Es mi historia. Es lo que me costó años, lágrimas y errores aprender. No vinimos a construir imperios para seguir tolerando lo que amenaza nuestra visión. La disciplina en las relaciones profesionales no es un lujo. Es una necesidad. Es la única forma de sostener tu poder sin perderte en el proceso.

NUGGET DE PODER

Hacer de tu vida un ejercicio constante de disciplina traerá, sin duda, objetivos cumplidos con satisfacción.

9

LA DISCIPLINA ES PODER

No hay destino más poderoso que el que se construye con disciplina. No hay futuro incierto para una mujer que ejecuta incluso cuando la adversidad se vuelve amenazante. Y no hay legado más fuerte que el de alguien que elige lo correcto... una y otra vez, sin importar si hay aplausos.

La disciplina es lo que te hace peligrosa. Te vuelve peligrosa para el sistema que te quiere tibia. Para los entornos que te quieren disponible. Para las personas que solo se sienten cómodas con tu versión limitada.

Una mujer disciplinada no se mueve por emoción. Se mueve por visión. Se mueve porque ya decidió. Porque entendió que el mundo no premia tu intención: premia tu acción.

Disciplina es poder porque quien la tiene ya no depende de la suerte. No espera a que la descubran. Se construye. Se moldea. Se fortalece. Y se vuelve inevitable. Yo construí desde la presión. Desde el cansancio. Desde la incertidumbre. Y por eso puedo decirte esto sin titubear: no necesitas suerte. Necesitas disciplina.

Esa es tu ventaja. Tu ancla. Tu fuego. Tu código. La disciplina es el arma silenciosa que nadie ve, pero todos sienten.

Y si tú la eliges...No habrá techo que no puedas romper. No habrá entorno que pueda frenarte. No habrá historia que te defina más que tu capacidad de escribirla. Tu destino no es sobrevivir. Tu destino es conquistar. Y la única forma de hacerlo...Es con disciplina.

NUGGET DE PODER

La disciplina es poder, sí, un poder alimentado con fortaleza, convicción y potencia, dispuestos siempre al mayor desafío.

EPÍLOGO

Este no es un libro que se termina. Este es un libro que se ejecuta.

Si lo leíste y no te cambió la vida, no es porque no era poderoso.

Es porque no lo aplicaste.

No escribí este libro para gustarte. Lo escribí para confrontarte.

Para que vieras, en cada página, cuántas veces te has traicionado.

Cuántas veces supiste lo que tocaba... y no lo hiciste.

Explotamos el mito de la motivación.

Deconstruimos la idea de que debes sentirte lista.

Dejamos atrás la falsa empatía que te vendieron como autocuidado.

Te mostré que la disciplina no te aleja de ti. Te regresa a tu ser más poderoso.

Te hablé de estándares, de impulsos, de límites, de identidad.

Te demostré que no necesitas un plan de 20 pasos.

Solo necesitas una decisión sostenida.

Este libro fue un entrenamiento mental.

Una provocación constante.

Una guerra contra el confort que te ha tenido estancada mucho tiempo.

Y si llegaste hasta aquí, sin duda, no estás en el mismo lugar donde empezaste.

Porque ahora lo sabes:

Procrastinar no es flojera, es falta de estándar.

No necesitas fuerza de voluntad, necesitas estructura.

La calma no se encuentra, se entrena.

No hay éxito sin repetición.

No hay libertad sin disciplina.

Ahora te toca a ti elegir si lo cierras...

...o si lo continuas viviendo más allá de este libro.

Y cada vez que te preguntes:

"¿Cómo lo sostengo?"

"¿Cómo lo logro?"

"¿Cómo lo escalo?"

Tú ya sabes lo que vas a decir:

"Con disciplina."

Esta obra se terminó de imprimir
en el mes de abril de 2026,
en los talleres de Litográfica Ingramex S.A. de C.V.,
Ciudad de México.